新技术新能源译丛

新能源时代

Lithium: The Global Race for Battery
Dominance and the New Energy Revolution

全球锂资源的
大国角力

[波兰] 卢卡斯·贝德纳尔斯基　著

李成杰　冯红　译

中央编译出版社
Central Compilation & Translation Press

图书在版编目（CIP）数据

新能源时代：全球锂资源的大国角力 /（波）卢卡斯·贝德纳尔斯基著；李成杰，冯红译. -- 北京：中央编译出版社，2025.8. --（新技术新能源译丛 / 李成杰主编）. -- ISBN 978-7-5117-4805-8

Ⅰ. F416.1

中国国家版本馆CIP数据核字第2024TR5102号

Lithium: The Global Race for Battery Dominance and the New Energy Revolution
Copyright © Lukasz Bednarski, 2021
All rights reserved
Simplified Chinese rights arranged through CA-LINK International LLC (www.ca-link.com)

著作权合同登记号：01-2024-3123

新能源时代：全球锂资源的大国角力

选题策划	张远航
责任编辑	宋　妍
责任印制	李　颖
出版发行	中央编译出版社
网　　址	www.cctpcm.com
地　　址	北京市海淀区北四环西路69号（100080）
电　　话	（010）55627391（总编室）　（010）55627319（编辑室） （010）55627320（发行部）　（010）55627377（新技术部）
经　　销	全国新华书店
印　　刷	北京盛通印刷股份有限公司
开　　本	889毫米×1194毫米　1/32
字　　数	168千字
印　　张	8.75
版　　次	2025年8月第1版
印　　次	2025年8月第1次印刷
定　　价	68.00元

新浪微博：@中央编译出版社　微　　信：中央编译出版社（ID: cctphome）
淘宝店铺：中央编译出版社直销店（http://shop108367160.taobao.com）
　　　　　（010）55627331

本社常年法律顾问：北京市吴栾赵阎律师事务所律师　　闫军　　梁勤
凡有印装质量问题，本社负责调换。电话：(010) 55627320

感谢我的爱人安娜一直以来对我写作能力的信任。

感谢我的父母和祖父母,他们让我懂得了阅读的乐趣。

前　言

　　如果你看一下元素周期表，你就会发现锂在 118 个元素组成的周期表中排名第三位，不过很难用这一点去说服别人阅读一本关于它的著作。尽管该元素很简单，只有 3 个质子，但它却正在重新定义我们在 21 世纪对能源的思考方式。

　　由太阳能电池板和风力发电场产生的可再生能源已经存在了几十年。早在 1979 年，总统吉米·卡特（Jimmy Carter）就在白宫安装了太阳能电池板，以提升白宫整体的能源使用率，并向公众推广了太阳能电池板的使用方法。此前，化石燃料相对于可再生能源的优势在于前者还是能源存储介质。比方说，给汽车的油箱加油，就可以在一个小的空间里储存大量的能量，并利用这些能量进行工作，也就是为人们的汽车提供能源。直到近些年，人们才有机会利用可再生能源做同样的事情，之前这是无法做到的。锂电池就是可再生能源系统这一巨大拼图上缺失的最后一小块，它的出现将改变以往的情况，并且为人们提供利用可再生能源的可能。

我们正处于开创性变革的初始阶段，即可再生能源已经能够被存储，用以驱动汽车和便携式电子设备。总有一天，这种绿色能源将为运载人们每天使用的消费品的远洋船舶提供动力源，让人们轻轻松松去度假，不必担心飞机的碳排放量。尽管这一切尚未发生，但是，套用阿马拉定律（Amara's Law）的说法，我们总是高估一项科技所带来的短期效益，却又低估了它的长期影响力。

目前[①]，全世界消耗的约 79% 的原油用于为汽车、飞机和船舶提供动力。用电池驱动的车辆替代 50% 石油需求的技术已经存在。最新的电动汽车单次充电的续航里程可超过 500 千米，充电时间问题也在迅速改善。大多数业内人士已经不再询问电动汽车是否会取代传统动力汽车。如今，他们会问什么时候取代。

从化石燃料驱动的发动机转向锂离子电池，这是自 19 世纪末卡尔·本茨（Carl Benz）制造出第一台汽油发动机以来，交通运输领域最大的变革。这一变革对很多领域都产生了深远的影响，如工业、经济、战略安全以及气候变化。我们并不是在谈论遥远的未来之事。本书致力于探索已经发生的以及即将发生在我们眼前的变化，希望为关注未来的学者们提供展望 30 年后的世界的想象空间。

---

① 本书首次出版于 2021 年，书中所述内容及引用数据皆为当时情况。——编者注

前言

无论我们喜欢与否,在当前的政治和经济环境中,大集团公司和技术垄断的管理方式都发挥着巨大的影响力。未来的世界将由政府和财团法人所掌控。在咨询相关专家对未来的预测后,这些掌控者从长远的角度制定发展计划,如5年计划、10年计划。他们的目标是否能达到预期设想以及进展情况也会得到仔细的评估。"中国制造2025"是中国于2015年春天制定的战略计划,旨在将中国从世界工厂转变为技术强国,并将电动汽车、电池和锂产业确定为国家发展的首要任务。2016年,年销量超过1,080万辆汽车、全球最大的汽车制造商大众集团(Volkswagen Group)宣布了《2025战略》,计划推出30款纯锂离子电池驱动的车型,并预计到2025年,该公司的电动汽车销量占总数的25%。

2015年,本书尚未着笔。那时,全世界对锂的需求还很小,尚不足以使其被认定为"新石油"。2015年以前,锂制品更多用于陶瓷和玻璃的生产,而非为电池行业提供原材料。中国政府和大众汽车的智囊团在起草2025年阶段性发展计划时,一定已经预见到锂的战略作用和价值。

锂和电池行业的发展历程从最初到现在从未停止过发展的脚步。从2000年到2015年,锂离子电池的需求增长了30倍以上,预计从2015年到2025年将再增长10倍以上。即使是在全球新冠病毒大流行期间,该行业的公司仍然做出了大胆的决策,斥资数亿美元建立生产线,以满足5年或10年内的锂需求。

该行业正在把危机转变成发展机遇，在更加谨慎的竞争中获得优势，把宝押在尚未到来的电力世界里。

如果说石油行业的发展是以西方和中东为中心，以美国为主导，那么锂行业的发展则以亚洲和拉丁美洲为中心，由中国发挥主导作用。中国、韩国和日本在锂离子电池行业中所发挥的作用，将成为世界经济和政治影响力的中心正在从西方转向亚洲的又一个标志。

维护碳氢化合物的稳定来源一直是几十年来推动西方政治决策的主要因素，从20世纪早期英国政府鼓励冒险家威廉·诺克斯·达西（William Knox D'Arcy）在波斯地区（伊朗）寻找石油到最近俄罗斯天然气工业股份公司（Gazprom）颇受争议的北溪二号（Nord Stream 2）管道项目。因此，如果不提及欧洲、美国或中东的政治因素，就很难解释石油行业的历史和现状。同样，本书主要参考了亚洲的时事，以期描绘出亚洲背景下锂行业的发展图景。

美国版的资本主义——以个人自发性和自由市场为特征——在石油行业上留下了印迹，亚洲版的资本主义——以着重集体利益和政府调控为特征——必将在电池和锂产业的发展过程中刻下自己的烙印。

尽管锂离子电池最初是由日本的索尼公司（Sony Corporation）投向市场的，而且日本在生产电池核心部件方面一直具有优势，但本书将中国置于首要位置。中国在锂电池技术解决方案的质量或简洁性方面可能尚不如日本，但中国新能源革命的大众推广做得很好。中国并没有等待电池技术达到顶峰后才开始广泛制造电动汽车。

在中国，服务于锂电池行业和客户的整体系统已经准备就绪。锂和其他关键原材料被开采出来，转化成化学物质，做成组件，并安装在国内生产的电池中，整个过程都是在中国境内完成的。作为西方人，你可能从未听说过这些电池已经为中国国产品牌的电动汽车提供了动力。对行业观察者来说，值得关注的是，前述生产过程的大部分阶段都在国家的严格监控下进行。这种生产的透明度，即使在欧盟的集中市场管理体系中也是很难实现的。

在中国，客户可以从众多合适的车型中选择一款电动汽车，并轻松为车充电，不是只能在城市里才能为电动汽车充电。仅 2019 年，中国每天安装 1,000 个新的电动汽车充电站（注意是充电站，不是充电器）。根据电动汽车的型号和使用强度，电池的使用寿命通常在 5—8 年。中国正在大力发展电池再利用的新业务，以满足客户无须花钱购买新电池的需求。中国的法律规定，一旦电池的寿命结束，就必须加以回收利用。中国已经具备回收废旧电池的能力，不仅可以处理国内的废旧电池，还可以从国外进口并利用废旧电池。

本书讲述了中国的锂行业是如何达到当前发展阶段的。书中既包含经济变革浪潮中努力致富的个体的视角，又涵盖政策制定者的视角，如后者是如何努力治理中国的高污染，如何通过实现经济多元化，减少对中东和俄罗斯石油的依赖，从而确保本国的能源安全。

本书开篇向读者介绍锂和电池业务是如何在宏观层面上运作的。对于一个出生在 20 世纪的人来说，油桶、油轮、炼油厂和沙特阿拉伯王子只存在于想象的边缘地带。尽管报纸、电影和一些书籍让人们对石油行业有所了解，但那些信息可能不准确，可能不完整。此外也取决于人们的兴趣度。除非对这个主题特别感兴趣，否则人们根本没有可能接触到碳酸锂当量（LCE）、吉瓦时（GWh）等计量单位。人们也不会了解中国的锂转换器扮演什么样的角色，为什么正极材料对电池如此重要。在让读者阅读信息量较多的内容之前，本书将以轻松的方式讨论这些问题，即便非专业人士也不会感到晦涩难懂。

第二章介绍中国如何在海外获得最高质量锂资源。过去竞争碳氢化合物资源时，中国还不够强大，中国获得该资源的主要方法是通过纯粹的商业交易和友好合作。但在获得全球锂资源方面，中国将不会错过占据最重要地位的机会。

第三章和第四章介绍奥古斯托·皮诺切特（Augusto Pinochet）前女婿在幕后掌控拉丁美洲最大锂生产商的精彩故事，以及玻利维亚锂政变的情况。这些内容来源于记录详实的资料，以及本人与锂业经营者和政策制定者之间大量的采访和对话。

第五章介绍锂和环境的关系，以及向电动汽车过渡期间的净碳排放量的情况。锂矿的开采与所有开采业一样，会带来一系列环境问题。锂矿开采与其他采矿活动的不同之处在于它会消耗巨大的水资源，业内人士称从卤水中开采锂为"水矿开采"，但它的开采场地又通常是在水稀缺的地方。第五章还提到这样一个事实：即使电动汽车减少了污染物，尤其是在市中心地区，但无色无味的二氧化氮还是会影响人们的肺部健康。即使是发达的经济体，给电动汽车提供电力，仍然很大程度上依赖煤炭。

第六章的重点是关于锂的回收利用和城市采矿问题。锂是一种理论上可以无限循环利用的金属。它可以遵循铅的开发轨迹。铅曾主要来自矿山，现在大部分市场需求都可以由回收的铅来满足。通过所谓的城市采矿来建立一个闭环电池经济，即从我们周围被丢弃的物品中提取元素，这一想法已被众多的创新者和初创企业推崇，特别是日本，在20世纪80年代日本东北大学（Tohoku University）就已率先提出。到2020年，城市采矿计划已经不再局限于极客们的地下室和车库，锂的城市采矿计划已经得到了政府、地方和大公司的大力推动。

最后一章是展望未来。讨论如何使电动飞行和电动航行成为现实，分析向电动汽车的过渡将如何影响现有的燃油发动机供应链。此外，本章试图解答一些行业问题，比如作为欧盟最大的经济体，德国经济的成功依赖于汽车行业，并且有着几十年的传统，那么汽车电动化对奔驰（Mercedes-Benz）、宝马（BMW）等品牌是机遇还是威胁？再如，波兰、捷克和匈牙利等中欧和东欧国家蓬勃发展的经济体为具有全球竞争力的德国汽车行业提供零部件，并从中获得巨大的利润，那么它们是会意识到汽车电动化将带来巨大机遇还是仅沉湎于过去的成功？

尽管我是这个行业的业内人士，也是这个行业的支持者，但我还是会努力保持客观公正的态度，克制个人的倾向性。向未来电动化、电池驱动时代的过渡很难是一条线性发展轨迹，因为它的发展道路绝不仅仅是一直向前的；相反，还会出现许多瓶颈甚至是死胡同。以中国为例，这样的困境都是从各省开始出现的。各个省都想快速发展，以便赶上中央制定的目标，所以纷纷卷入国内的激烈竞争。为了在竞争中脱颖而出，有些省份忽略了标准化的问题。曾经有一段时间，在中国某个省生产的电动汽车不能在另一个省进行充电，因为在两省生产的插头形状不同。本是为了让人们进行长距离驾驶的产品，却出现了这种严重错误，实在是难以想象。

就在几年前，欧盟的决策者和行业领袖还宣称电池是一种商品。他们轻蔑地说，这个行业最好留给亚洲的工厂去完成，那里的生产规模和廉价劳动力能够提供强有力的竞争优势。可是现在，欧洲正竭力在电池生产方面迎头赶上，欧洲各国为研发计划提供资金，并在其境内吸引亚洲公司进行投资。由于锂价格在国际市场上的波动和成本超支，开发多年、耗资数亿美元的新锂矿在实现商业规模生产前的几个月内就已经出现了经营上的惨败。然而，锂行业发展的戏剧性转折能够引起读者们更大的兴趣。彭博社（Bloomberg News）、《经济学人》（The Economist）、《金融时报》(*Financial Times*)和《每日邮报》(*Daily Mail*)在头版报道有关锂和电池的消息,锂的故事还在继续。我真诚地希望,本书能使读者们跟上这个有趣的、日益重要的行业的发展脚步,逐步去了解它,最终喜爱上它。

目录

第一章　中国：潮流的引领者 ·················· 1

第二章　全球的主导地位 ·················· 26

第三章　"锂三角" ·················· 76

第四章　锂矿界的沙特阿拉伯 ·················· 120

第五章　我们真的在让世界变得更好吗？ ·················· 144

第六章　城市采矿 ·················· 170

第七章　充满希望的绿色未来 ·················· 190

致　谢 ·················· 215

主要参考文献 ·················· 217

第一章
中国：潮流的引领者

中国曾经是发明创新之国：它发明了造纸术、火药、印刷术和指南针。习近平先生于2012年当选为中国最高国家领导人。同年，他在参观位于北京的中国国家博物馆时发表了重要讲话，概述了中华民族伟大复兴的目标。实现复兴的关键之一是发扬中国人的创新精神。

中国需要用创新来实现质的飞跃，改变经济结构。中国的目标是从世界工厂转变为科技强国。中国的观察员在聆听中国共产党高层领导人的重要讲话时，习惯于找出其中的高频词语和短语，以解读讲话的信息。"创新"这个词在过去几年里经常被中国共产党的高层领导人反复提及。另一个在统计数据上排名靠前的高频词是"生态"，涉及污染问题时常被提及。

电池技术是一项创新，通过储存可再生能源产生的电力有助于解决环境的问题，而且能够将其用于任何需要的地方。它也是"中国制造2025"规划下推动发展的中国十大战略领域中的三个领域的重要因素("中国制造2025"的重要性不亚于被广泛宣传的"一带一路"倡议)。这三个战略领域分别是节能与新能源汽车、电力装备、新材料。前两个领域无须更多地解释，新材料也许需要进一步地明确。如果没有新一代的化学物质，现代锂离子电池是不可能出现的。阴极材料和阳极材料构成了电池的核心，确保了电池性能显著提高，超出了十年前电动汽车制造商能够达到的水平。早在2011年，通用汽车（General Motors）的雪佛兰伏特（Chevrolet Volt）概念车就被认为开启了美国的电动汽车革命。当然，如果伏特车成功了，这本书就不会从中国开始写起了，因为伏特车的大规模销售会刺激美国电池材料的发展。如果伏特成功，预计2020年前在内华达州、北卡罗来纳州、南卡罗来纳州、南达科他州和加利福尼亚州开发的锂矿可能早已满负荷运转，不断喷出"新石油"；享受密集充电网络的可能远不止加利福尼亚州居民。

伏特车缺少的是先进的电池化学物质，即满足一次充电可行驶64千米以上的阴极材料和阳极材料。根据美国汽车协会交通安全基金会（AAA Foundation for Traffic Safety）的数据，美国人平均每天行驶51千米。伏特车64千米的行程限制引发了人们里程上的焦虑，这种焦虑仍在美国消费者的心中挥之不去，以至于目前高达500千米的行驶里程数似乎才能满足电动汽车被消费者大规模采用的心理预期数值。

第一章 中国：潮流的引领者

在中国，电动革命是一个逐步发展的过程。最初并非源于电动汽车的广泛推广和采用，而是源于电动自行车的日益普及。凯蒂·玛露（Katie Melua）创作的歌曲《九百万辆自行车》（*Nine Million Bicycles*）的灵感来自她在这座城市的游历。这首歌成为2015年的全球热门歌曲。在很长一段时间里，在中国旅行，就像现在的越南一样，给人留下的印象是城市里到处都是自行车。自行车的廉价和便利使其比汽车更受大众的欢迎。

中国电动自行车行业的起源可以追溯到20世纪60年代，当时它得到了毛主席的支持。令人惊讶的是，它却是在中央计划经济的其他部门中找到了自己的位置。这些部门原本专注于重工业，如煤炭、水泥、化肥和钢铁生产。

然而，60年代电动自行车的发展并不是很成功。在70年代末80年代初，中国轻工业和重工业发展的不平衡开始显现。由于水泥和钢铁生产集中在北京近郊，北京经常受到酸雨的影响，而市区内，连一家铅笔厂都没有。

中国共产党这次允许企业在计划经济之外满足市场的需求。在这种开放的氛围里，中国生产电动自行车的梦想被重新唤醒。但由于缺乏零部件，在建造了一些工厂后，这个梦想就破灭了。该项目也受到了政府的冷遇。

早期的电动自行车并不是由锂离子电池驱动的，因为锂电池在20世纪90年代才由日本的索尼和旭化成（Asahi Kasei，化学公司）推向市场。当时的电动自行车使用的是铅酸电池，这种电池同样能启动传统动力汽车的发动机。

但是，电池驱动交通工具的想法已经在中国工程界扎下根基，并明显得到了潜在消费者的支持。电动自行车的发展急需更宽松的经济政策和更好的电池技术。从铅酸电池发展到锂离子电池，电池性能上的提升是一个巨大的飞跃。体积小 6 倍的锂离子电池可以实现 32 千米的续航里程。销售额的增长也反映了技术上的伟大进步。销量从 1998 年的 56,000 台飙升至 2008 年的 2,100 多万台。电动自行车的成功销售激发了经营者对锂离子电池的需求，也为公司创造了收入流，这些积累了巨大资本的公司后来成了电动汽车和电池生产的集团公司。

自 80 年代中期以来，中国的汽车市场一直呈爆炸式增长。即使中国的人均 GDP 在 1985 年的时候只有区区的 294 美元，但汽车的进口业务一直在蓬勃发展，尤其是来自日本的汽车。与其他社会主义国家非常相似，尽管当时中国的大多数公民都不富裕，但中国仍然拥有财富巨大的精英阶层。1985 年，中国在汽车进口上花费了 30 亿美元，中国的高层领导开始担心汽车进口引发的贸易赤字。政府采取了一系列的措施，从更严格的货币管制开始，使用日元或美元购买汽车变得更加困难。最后中国政府还颁布了一项法令，在两年内几乎完全禁止汽车的进口。

在部署了防御措施的同时，中国政府采取反制措施，以扶植中国本土汽车行业的发展。但由于中国当时的技术还不足以制造出像样的电动自行车，政府在一些高科技领域开始了持续至今的发展扶持。那时的外国汽车制造商羡

第一章 中国：潮流的引领者

慕日本汽车制造商在中国市场取得的成功，都跃跃欲试想要进入一个拥有10亿人口的巨大市场。然而，严格的进口限制扼杀了他们美丽的梦想。但有一条出路：如果想在中国销售汽车，必须与中国伙伴合资生产。大众（Volkswagen）、雪铁龙（Citroen）、标致（Peugeot）和戴姆勒-克莱斯勒（Daimler Chrysler）等公司抓住了这个机会。这种类型的合资企业开始向中国合伙人转让技术。即便如此，西方汽车制造商仍尽可能地保护自己的核心技术，不让中国合作伙伴了解。例如，采取进口现成零部件的策略，即中国的合作伙伴无须了解其中的技术，只需要把进口的现成零部件进行简单的现场组装。

中国政府的策略尽管不那么完美，但还是很奏效的。自那以后，这个策略被成功地复制了很多次，例如在太阳能和风能发电行业。但是，汽车行业一直是这一模式的先驱者。中国政府现在仍在尝试将其应用于半导体或人工智能领域，但世界对这两个领域所涉及的利益已变得更加谨慎了。在唐纳德·特朗普（Donald Trump）执政期间，美国开始将这种做法称为"窃取商业机密"，并成为中美贸易战的主要原因之一。中国政府继续认定这是一种透明和公平的做法，并且中国的需求在不断地增长。然而，中国在刺激本国行业发展方面取得成功的秘诀并不仅限于这种合作模式。另一个重要的因素是国家的援助。一旦完成了技术的转让，中国将开始对整个行业提供系统性的财政支持。考虑到中国国库的雄厚实力，这一战略使中国不仅能够及时将外国竞争对手挤出国内市场，还能在全球舞台上形成优势。这正是太阳能电池板行业经历的情况。在某种程度上，中国开始要求其大型市政太阳能项目至少使用80%由中国制造的太阳能电池板。因此，外国公司转向在中国境内生产的经营方式，在中国建立合资企业并分享其技术数据。随后，中国开始大力补贴自己的太阳能公司，包括出口的产品。现在，世界上最大的10家太阳能电池板制造商中有8家是中国的公司，中国占有超过60%的全球市场份额。

大多数早年在中国经营成功的汽车公司都不是私人控股的。长安汽车集团是所谓的"四大"中国汽车制造商之一，它是从一家历史悠久的军工公司分离出来的。如今，中国长安集团继续作为中国兵器装备集团的全资子公司运营，在传统动力汽车上取得了成功之后，它承诺大力调整方向，从制造传统动力汽车转向制造电动汽车。中国汽车市场的另一个重要参与者江西昌河汽车在2010年之前是航空工业集团的子公司。昌河汽车通过与日本铃木（Suzuki）的合资发展了汽车制造。即使是现在，昌河汽车最新的车型上还能找到铃木的影子。昌河汽车也在向制造电动汽车转型，但其热情不及长安那样高涨，因为昌河汽车仍希望凭借其汽油和柴油动力产品占领缅甸、老挝和尼加拉瓜等国家的前沿市场。另一家大型汽车制造商哈飞也是从同一家军用飞机公司的子公司起步的，所以这是一种运作模式。

除吉利（最初是一家冰箱制造商）和长城汽车之外，

第一章 中国：潮流的引领者

其他取得早期成功的中国汽车制造商都曾是或仍是国有企业。奇瑞是20世纪90年代末创立的汽车公司，它在2019年的销量接近50万辆。事实上，奇瑞在2003年之前的运营受到争议，并引发了一些官司。

这种情况并不奇怪，过去获得投资的机会受到了严格限制，因为在80年代或90年代初，中国没有风险投资基金。资本密集型的项目，如汽车制造，只有在与政府紧密合作的情况下才有可能获准。国防部门的需求一直是美国和几乎所有其他国家科技创新的驱动力，然而在当时的中国，汽车制造实际上就是在创新。

中国汽车工业的发展道路是典型的具有中国特色的道路。首先，中国政府看到了发展工业的战略需要。如果需要进行知识转移，政府会起到一定作用，一旦有了专业技术，政府的补贴就启动了。但是，由于如此多的关键市场参与者都是国有企业，很多事务都是在中国共产党领导下推进的，因此让这些公司参与到国家推动的行业决策中，并不是简单的经济成本核算问题。

在世界其他任何地方，大公司都会根据机会成本和收益以及内部回报率来评估新项目。但中国梦与美国梦不同，中国梦是中国人民共同的梦想，国有企业的高管们需要在投资决策中考虑到这一因素。这一点允许中国企业根据政府的愿景快速行动并改变自身经济结构。当然，这种自上而下的经济发展模式也会导致产能过剩、市场泡沫，有时还会引发产品的质量问题。中国的电动汽车、电池和锂行业也未能避免这类问题的发生。

中国政府看到电动自行车在市场上取得的巨大成功,更急于大力加快电动汽车行业的发展。这样做有很多很好的理由。除了减少城市污染以外,发展中国电动汽车产业有可能衍生出一个全新的经济领域,而且中国在这个新领域里可以获得全球性的竞争优势。这个产业从采矿和化学加工开始,也涉及推动新技术的发展,如开发锂离子电池和自动驾驶技术。中国新能源产业的发展可以追溯到"863计划"。1986年3月3日,按照中国的日期记法是86/3,四位中国物理学家给邓小平写了一封信。这四个人分别是王大珩、王淦昌、杨嘉墀和陈芳允。他们在双重(民用和军用)用途研究中闻名遐迩,在核能和卫星应用方面也是领军人物。邓小平是中国德高望重的政治家,他经常被称为改革开放的总设计师。他广为人所知的创举是提出开办中国经济特区,并在特别指定的沿海地区引入了市场经济和外商投资。中国经济特区的成功,深圳等城市的崛起,为全国范围内的经济改革铺平了道路。

在这封信中,科学家们概述了"国家高技术研究发展计划",通过刺激几个重点领域先进技术的发展,从而使中国摆脱对海外强国的经济依赖。邓小平对这个计划非常认可,两天内就作出了支持的决定。他在给党内同志的信中写道:"此事宜速决断,不可拖延。"[①] 西方历史书中经

[①] Sigurdson, J. and Jiang, J., 2007. *Technological superpower China*. Cheltenham, UK: Edward Elgar, p. 43.

常提到,"863计划"受到了罗纳德·里根(Ronald Reagan)在1983年提出的"战略防御计划"(Strategic Defense Initiative)的启发,该计划后来被称为"星球大战计划"。但这是一种非常西方中心主义的观点,将"863计划"与"星球大战计划"进行直接比较是颇为牵强的。"星球大战计划"是关于发展反导弹系统,以保护美国免受核攻击,特别是来自苏联的核攻击。它鼓励并提供资金以发展许多尖端但往往是异想天开的技术,如激光束武器。尽管该计划对美国的高科技产业产生了有利的影响,但它明确的发展目标和具体的军事应用与"863计划"的初衷不同。

"863计划"一开始就承认中国是一个发展中国家,因此不能偏离其科学发展的重心。该计划进一步表明,中国应该只在几个重点领域投入资金和培养人才,以缩小与外部世界的差距。紧接着,"863计划"又指出,如果中国能够尽快进入那些竞争还不那么激烈的全新技术领域,那么中国就有机会成为这些领域的先驱者。计划中提出的7个领域,有两个与电池生产直接相关,即新材料和能源。"863计划"预计总持续时间为35年,但比预期提前,已于2016年结束,并被其他一些计划所取代。"863计划"集中于推进具有商业应用潜力的基础性研究。中国一衣带水的邻国日本对本国基础研究的大量投入,使其在高科技产业领域仍然保持着雄厚的实力,在电池、显示器和半导体行业的模块构建领域创造了多项专利。中国似乎也有类似的雄心,即在本国经济的特定领域里大力依赖基础性研究，并希望通过国家的支持来实现这一目标。因此，"863计划"完全是中国的原创计划。

在"863计划"出台后，它获得了100亿元人民币的资金，相当于当年政府所有支出的5%。电动汽车制造在2001年被列为重点领域，并开始了纯电动汽车和混合动力汽车的基础研究，特别是针对与动力电池和电动马达相关的问题研究。基础研究和应用研究的基础工作稳固之后，中国随即责令16家国有企业在北京成立了一个电动汽车行业协会，作为交流技术和促进行业发展的平台。协会里的国有企业承诺投资147亿美元发展电动汽车产业。这一决定并不是出于市场的需求，甚至也不是出于这些企业自身对未来的预判。相反，这些企业在这个行业上公开投入这么多的资金，是为了实现一个伟大的愿景——中国共产党的高层领导人希望中国成为一个更环保、更少依赖石油的国家。中国政府的计划从一开始就是这样雄心勃勃。2008年，中国已经制定了一个目标——到2012年的时候，10%的车辆将使用替代传统燃油的能源。2008年北京奥运会为中国提供了一个展示其电动汽车发展的绝佳机会。尽管如此，2008年电动汽车的销量仍远低于1,000辆，奥运会期间，中国也未能将自己打造成电动汽车未来领先者。值得注意的是，在很长一段时间里，西方并没有注意到中国已经成为世界上最大的电动汽车市场。2008年，丰田普锐斯（Toyota Prius）和特斯拉（Tesla）的首批车型吸引了全部关注。如果那时有人打赌未来十年最大的电动汽车市场在哪里,那么美国或日本的胜算很大。

对中国电动汽车行业最大的推动是奥运会一年后的"十城千辆"工程。尽管该计划的假设极具争议性,计划仍得以实施。政府没有支持排序前三或前五的公司为全中国开发电动汽车,而是采取了分散的发展方式。资金被分配到选定的城市,目标是让每个城市有1,000辆电动汽车上路。实现该目标的具体方法由市政当局负责。

在中国,从社会层面和经济层面进行分区试点的传统有其更积极的内涵,有利于给社会带来潜在性的重大变化。例如,在沿海创办经济特区,这种试点方法提醒人们,这种模式已经存在,并取得了一定的成功。在特定的试点区域内引入新的解决方案,并对其进行安全测试和评估,这相当于在局部区域进行宏观的实验。如果实验结果达标,那么就可以在全国范围内进行全面的推广。

中国对电动汽车推广试点城市的选择并非随意为之。试点城市往往选择在那些政治阻力较小的城市或省份进行,其经济特征适合试点的目标,并能代表整个国家的普遍情况。

分区试点计划也并非只存在于过去。写这本书的时候,跨境电子商务试点正在设立之中。越来越多的外国居民可以直接从中国电子商务平台上购买商品,这更易于获得物美价廉的商品。试点区域的电子商务公司能享受税收方面的优惠政策,并能够与境外公司进行共享合作,例如,在中国境外设立的共享仓库空间。早在2009年的时候,中国独特的社会信用体系就在试点区域启动了,该体系对人们的"良好行为"和"不良行为"进行评分。试点分区方法的使用很容易让人联想到邓小平关于中国发展的格言——"摸着石头过河"。换言之,就是指要谨慎且渐进地引入变革。依据试点区域所得到的反馈信息,对试点的成功进行持续性的评估,并随时对初始目标和方法进行调整。试点区域所取得的任何进步都会在大众媒体上进行全面的报道。这样做的目的是让人们成为变革的拥护者,以便在试点经验成熟的情况下,新思想能够受到基层的支持,得以在全国范围内逐步推广开来,而不需要通过自上而下的政令强制推行。由于推广电动汽车的风险较低,且试点城市的污染较为严重,10个城的试点从一开始就包括了北京和上海。在试点开始后不久,10个试点城市中的每一个城市都通过发挥其现有的优势,找到了自己独特的解决方案。时尚前卫的上海依靠其高水平的私人投资;文化厚重的北京通过税收和监管创造激励机制;大胆创新的深圳依靠与当地强大的高科技公司合作,如比亚迪;重庆作为世界上最大的水电项目"三峡大坝"的所在地①,开始研究快速充电电池和快速充电器,以利用其廉价的可再生能源和强大的电网。通过循环反馈和务实的方法,试点目标从原来纯粹的数量(10,000辆电动汽车)转变为更注重产品的质量,

---

① 三峡大坝实际位于湖北省宜昌市,长江三峡西起重庆市奉节县。——编者注

每个城市都在国家新能源革命的不同方面做出了很大的贡献。

到2012年,北京已经建立了三个工业园区,园区内的公司一直在与科学家携手合作,共同推动电池和电动汽车工程持续向前发展。得益于公—私的合作,约有200辆全电动出租车投入市场运营。电动汽车的税率大幅降低。最重要的是,电动汽车的牌照更容易获得。在中国的大城市,钱不是让你远离梦想之车的主要问题,获得汽车的牌照才是难上加难的事。自2011年以来,由于城市交通拥堵和污染严重,中国实行了新车牌年度配额制度。由于申请人的数量远远多于每年新牌照的发放额度,每两个月一次的摇号将决定谁能获得注册一辆新车的资格。大多数人要等上好几年才能买一辆车。2020年,北京的乘用车配额为10万辆,其中传统动力汽车占4万辆,新能源汽车占6万辆。如今,传统动力汽车和电动汽车在新车牌配额上的比例表明了北京在过去11年里在汽车电动化方面所走过的漫长的道路。一开始,电动汽车比汽油车更容易获得牌照。如今,前者仍相对容易,但一些没什么运气的人仍然要等上好几年。

在电动汽车行业刚开始的时候,电池的成本比现在高得多。在2010年的时候,1千瓦时(kWh)电池组的成本为1,100美元。现在,1千瓦时的电池组的成本约为150—160美元。为了方便理解"千瓦时"这个概念,最简单的方法是想象电池中储存的能量是一个100瓦的灯泡。如果让它开10个小时,就会消耗1千瓦时的能量。电池组的成本是大规模推广电动汽车的过程中最令人望而却步的问题。试点城市是这样解决这一问题的,它们将电池组租赁给客户而不是出售给客户。

尽管从数字上看,原定的目标还远未实现,但是上海、北京、深圳和重庆等试点城市实施的方案还是相当成功的。深圳的目标是到2012年底道路上要有4,000辆电动汽车行驶,这个目标只实现了一半多一点。不过,仅就单位数量而言,深圳是最成功的试点城市。上海设定了一个中等的目标,低于2,000辆。到2012年年底时,上海已经实现了该目标的70%左右。一些地方,如北京附近的沿海城市唐山则出现了巨大的失败——2012年定的目标是接近2,000辆上路,可实际上还不到100辆电动汽车。

从某种程度上说该计划是成功的,因为它很早就普及了电动汽车的概念。试点城市成功地说服了居民,让他们认识到电动汽车的时代已经到来。后来,中国其他地区的居民也渐渐意识到了这个事实。与此同时,在美国和欧洲,电动汽车仍然是富裕阶层以及加州中上阶层人士的选择。

当然,这并不能表明中国的试点计划没有遇到过重大的问题。地方官员经常谈论他们的成功,以便在同僚面前保持良好的形象,吸引更多的资本流入,但却没有取得什么实质性的业绩。到了2012年的时候,已有25个城市加入该方案,其中一些城市的加入从一开始就受到了广泛的质疑。例如，内蒙古的呼和浩特市。尽管该市靠近中国最大的稀土矿，但是其工业基础薄弱，没有太多的社会经济环境可供合作。也许如下的事实最能说明实质性问题，呼和浩特的第一个电动汽车充电站直到2018年2月才开放使用。在中国很多地方，都出台了多种政策鼓励当地发展电动汽车及其公共服务。

对电池技术的掌控是生产具有市场竞争力的电动汽车的关键所在，因为这决定了电动汽车的行驶里程、充电速度、加速度和安全性。但是，正如中国电动汽车的发展始于电动自行车一样，电动汽车电池的发展始于手机电池。在笔记本电脑和其他便携式电子设备出现之前，手机的便宜价格让它们得以在中国普及。但在2000年初，手机制造业的繁荣发展达到顶峰时，中国仍然严重依赖进口日本电池来驱动便携设备。日本是第一个将锂离子电池商业化的国家。由于日本强大的基础研究实力，以及在制造过程中率先使用了机器人，所以日本在全球电池行业保持着领先的地位。恰恰也是得益于此，日本得以充分利用中国电子制造业的繁荣期而盈利颇丰。如果没有日本的电池，中国的电子充电产品根本无法工作。中国公司进入电池行业的主要问题是核心技术和必要的资本支持。因为购买日本制造的基础自动化生产线的最低投入成本也要1亿美元。

王传福，一位来自安徽的有远见的创业者看到了另一条发展出路。拥有化学和材料科学教育背景的他不顾各种困难,决定进入电池行业,并将他的公司命名为比亚迪,该公司的英语名称是 BYD,这三个字母是三个单词 Build Your Dream 的首字母,意思是"成就梦想"。据报道,王传福开始购买日本电池,并与学术界的同事们一起对日本电池进行逆向分析及研究。他还查阅了日本专利,以便更好地了解该技术。在当时的中国,人们可以在大街上的合法商店里买到盗版电影、音乐和书籍,完全不必担心违反知识产权法。王传福和他的团队弄清楚了商业级电池是如何运作的,他决定建立自己的电池生产线。在生产流程上,他用人工取代了昂贵的日本机器人。在王传福刚开始创业的时候,中国的熟练工和非熟练工的人力成本都很便宜。即使是在日本,生产线上的一些任务也必须人工手动完成。

　　流水线上的工作非常无聊,也不健康,人员流动率很高。但是,公司的电池卖得很好,零售价为每节 3 美元,而日本每节电池的售价是 8 美元。就资本和运营费用而言,人力成本要比自动化生产线便宜得多。比亚迪的创始人现在是中国人民敬佩的偶像。因为他凭借自己的积极进取和敢想敢干的态度,成为新能源革命的奠基人之一。就比亚迪公司而言,它目前已经是一家价值高达数千亿美元的公司了,沃伦·巴菲特(Warren Buffett)是其大股东之一。

　　比亚迪的成功不仅基于对日本电池的逆向工程研究和廉价劳动力的使用,还基于其持续转型和驾驭市场需求强劲变化的能力。该公司最初只是一家生产手机电池的小作坊，后来发展成为中国三大汽车制造商之一。它的成功发展并没有被西方世界所忽视。2010年，《彭博商业周刊》（*Bloomberg BusinessWeek*）将比亚迪列为全球第八位最具创新力的公司，与福特和大众等拥有数十年历史的汽车制造巨头并驾齐驱，这些公司在各自研发上的投入高达数十亿美元。

能够持续转型以进入需求不断增长的相近或全新的细分市场，是中国企业家独特的经营之道。西方商学院强调专业化和对核心能力的投资，这一理念既面向小公司，也针对集团公司。然而，中国企业家更加务实，他们能够迅速地捕捉到市场里的商机。即便这意味着他们需要从零开始来学习经营之道，并且最初产品的质量也远非完美。就这一点而言，也许没有比宁波杉杉的发展史能更好地展示中国商人独到之处的了。该公司现在是中国最大的电池材料生产商之一。在2006年的时候，该公司93%的收入来自服装。该公司生产男装，尤其是商务套装，这是宁波杉杉最初获得重大利润和原始资本积累的领域。转眼间匆匆十年过去了，现在电池材料占据了宁波杉杉收入的75%。

虽然比亚迪没有像宁波杉杉那样在未知的商业领域中迈出一大步。但是，多样化的经营模式是这家公司成功的关键。比亚迪公司已经在垂直方向上成长为新的细分市场。这是从向外国手机制造商销售电池开始的。这些外国手机制造商使用不同的中国供应商为其制造的手机提供不同的部件。其工作流程是这样的：不同中国工厂收到外国手机制造商要求生产的不同规格电子部件的订单，然后按不同的规格生产电子部件，再由第三方组装这些部件。这个工作流程存在潜在的问题，因为即使是电子工业中最严格的规范要求，也必须包含一定程度的元件特性公差。在大多数情况下，上述生产模式不会产生什么问题。但是，如果有太多不同部件的供应商，并且他们的每个部件都或多或少地偏离了规格，即使是在合同可接受的偏离范围内，那么最终生产出来的产品很可能不会达到预期的效果。此外，过度分散的供应链也会增加交货延迟的风险。比亚迪看到了其中存在的问题，因此建议其手机电池采购商与比亚迪公司签订手机成品合同，而不仅仅是手机电池采购的合同。这就是比亚迪成为手机制造商的契机。

公司成立不到十年，比亚迪就已经占据了全球电池市场一半以上的份额。该公司成为世界第四大电池制造商，也是中国最大的电池制造商。当王传福看到电动汽车市场不断增长的趋势和中国政府对电动汽车行业的支持时，他意识到不应该仅停留在扩展手机业务上。就电池的制造而言，该公司拥有最强大的专业知识，实际上，电池是决定电动汽车关键性能参数的基石。2003年，比亚迪收购了国有的秦川汽车公司。比亚迪知道如何制造电池，但必须尽快学会如何制造汽车，而做到这一点的捷径就是收购汽车公司。

第一章 中国：潮流的引领者

到了 2013 年的时候，比亚迪超过 51% 的收入来自其汽车的销售。第一批畅销的比亚迪车型甚至都不是电动汽车。因此，比亚迪最初的成功并不是来自对电池技术的掌握，而是源于对消费者需求的理解。在采访中，王传福经常提到"面子"这个概念。他很清楚，在中国，汽车不仅仅具有实用价值，汽车首先是一个人社会声望的标志。即便是一辆经济实惠型的汽车，它的设计也需要反映这一点。他还认为，在中国，一辆车通常需要比在西方承载更多的人。因此，汽车后座应该设计得非常宽敞和舒适，以满足中国客户的需求。该公司最畅销的 F3 车型就体现了这些特点。这位比亚迪公司的创始人，尽管现在已经占据了中国富豪榜首位，但是他仍然深知客户的钱想花在什么地方。中国中产阶级的平均收入仍远低于西欧国家、美国和日本。比亚迪一直在提供不同级别的汽车，从小型轿车到大型轿车，但其汽车的价格却在区区 4,400 美元到 15,000 美元之间。

尽管在电池技术上拥有巨大的优势，比亚迪公司的第一款电动汽车却不太成功。2008 年面市的比亚迪 F3DM（"DM"代表双模式）提供了在路上行驶过程中从汽油转换到电力驱动的功能。但是，第一年这款只卖出了 48 辆，并且不是在市场上售出的，而是卖给了政府机构和国有企业，它们是迫于压力必须支持该项目。F3DM 的生产一直持续到 2013 年，其总销量还不到 3,500 辆。中国早期电动汽车的成功存在着两个障碍。第一个障碍是充电网络不发达。在中国的城市里,人们很少住在一家一户独立的房子里。只有住在独立的房子里才能轻松地在夜间把汽车插上电源进行充电。

第二个障碍是价格问题。F3 纯汽油版实际上是成功的,它拥有完全相同的设计和功能,但它的价格只相当于 8,750 美元,而 F3 电动版的车型起价就是 21,900 美元。对于中国新兴中产阶级来说,后者价格太昂贵了。在 2010 年的时候,中国政府推出了对城市电动汽车制造商的补贴政策,这也是之前讨论的城市试点计划的一部分。总部位于深圳的比亚迪公司也在该政府补贴的范围之内,公司每销售一款电动车型就可以从政府获得约合 7,600 美元的补贴。由此,经销商的价格也会相应下调。后来,政府又对消费者私人购买的电动汽车提供了额外的补贴。然而,政府的补贴政策实施得太晚了,未能及时帮助比亚迪 F3DM 电动汽车的销售取得成功。

与现在的技术相比,F3DM 的电池性能相对较弱。其电池组的容量为 16 千瓦时,比最新的特斯拉车型小了 4 倍,这使得 F3DM 电力驱动模式下的行驶里程数不超过 60 千米,但其油箱可以另外提供行驶 480 千米的动力。这款车型使用的是磷酸铁锂电池。大多数电池(如磷酸铁锂电池)的化学成分已经过了多年的改进,这意味着它们现在仍被最新一代电动汽车所使用。锂离子电池中最常用的化学物质是磷酸铁锂(LFP)、镍钴锰酸锂(NMC)和钴酸锂(LCO)。镍钴锰酸锂和磷酸铁锂仍在动力电池(电动汽车和公用事业级电池存储）应用中争夺市场份额。它们有自己的优点和缺点，我们将在本书中逐一讨论。在过去的两三年中，镍钴锰酸锂电池显然是赢家，至少在电动汽车的应用中是这样的，因为它们的性能参数普遍优越。但是磷酸铁锂电池的改进仍在继续，这在很大程度上是由于比亚迪公司推动了其前沿性的研究。比亚迪公司对磷酸铁锂电池并没有任何的情感依赖，仅仅因为它是更便宜、更安全的选择。磷酸铁锂电池不含钴，钴价格昂贵且易受价格波动的影响。新兴市场的消费者对价格变得更加敏感，而钴的缺乏可能会让客户们意识到钴矿开采带来的负面影响。比亚迪公司在电动汽车市场上首次取得成功的车型是比亚迪·秦，它是F3DM车型的接替产品，以中国第一个大一统王朝秦朝命名。2016年春天，比亚迪·秦的销量突破了5万辆。两年来，它也是中国最畅销的电动汽车车型。它的电池是相同的磷酸铁锂类型，但却是更新的迭代产品，具有更高的能量密度。如此畅销的车型仍然是一款混合动力车，仅靠电池只能行驶70千米。纯电动款的比亚迪·秦在2016年3月才上市，比混合动力车型的首次亮相晚了三年。秦系列EV300车型，号称能达到300千米的行驶里程。在没有政府补贴的情况下，它的起价为36,600美元。在享受政府补贴的情况下，它的价格降低了惊人的17,000美元，几乎是汽车售价的一半。秦EV300车型的例子很好地证明了中国政府愿意提供大量的财政支持，以促进电动汽车行业的发展。中国以外最大的经济刺激计划是在2020年由德国宣布的，该计划最高的补贴为 9,000 欧元（约合 10,150 美元），与中国政府的支持力度相比仍然相形见绌。

比亚迪的经营方式并非中国电池行业取得成功的唯一途径。天津力神电池取得成功的方法与比亚迪截然不同。比亚迪的起步是基于稳扎稳打和摸索前进的营销方式，而天津力神电池拥有国家的全力支持，以及 2.72 亿美元的启动资金。作为一家国有企业，天津力神电池做了许多私营电池企业家做梦也想不到的事情：它从日本购买了一条先进的电池装配线。当比亚迪的工人在生产线上辛勤工作的时候，天津力神电池已经拥有了一条全自动的装配线，并且在几年后与摩托罗拉和飞利浦建立了合作伙伴关系。这边比亚迪的废品量达到总产量的 30%，那边天津力神电池的生产效率却非常高，能够生产出高质量的电池。

电池制造商的产能以"吉瓦时"为单位进行衡量。不管商学院的教科书是怎么说的，只关注质量和技术并不总能让经营者在开放的市场上获胜。2019 年，比亚迪拥有 28 吉瓦时的产能，并与宁德时代新能源科技股份有限公司一起引领中国动力电池市场，拥有 10 吉瓦时产能的天津力神电池仍然是该行业的主要参与者，但距离它成为该行业的引领者还差得很远。

为了给电池生产的热潮提供原材料，中国需要锂。锂是锂离子电池中唯一存在于所有电池化学物质中的元素，无论是钴酸锂电池、镍钴锰酸锂电池、镍钴铝酸锂电池还是磷酸铁锂电池都含有锂，是否需要其他元素主要依据电池的类型而定。在镍钴铝酸锂电池和镍钴锰酸锂电池中含有镍元素，但在钴酸锂电池和磷酸铁锂电池中却没有。钴元素也是如此，它可以在钴酸锂电池、镍钴锰酸锂电池和镍钴铝酸锂电池中找到，但在磷酸铁锂电池中却没有。不管怎样，锂元素无处不在，始终占所有电池化学物质中正极材料的10%左右。

在电池行业发展的早期阶段，中国依赖于广阔的内陆地区来满足其对锂资源的需求。很快，事实证明这样的做法不足以推动电池行业的繁荣发展。于是，中国开始寻求在海外获得锂材料的途径。然而，中国在内陆地区对锂资源勘察的故事同样很有意思，它让我们可以了解到一些与国家时事相关的中国历史。

我们来看一下中国的地图，新疆维吾尔自治区位于中国的西北部，与西藏自治区接壤。此外，它与好几个名字里带"斯坦"的国家毗邻，如哈萨克斯坦、塔吉克斯坦、吉尔吉斯斯坦。新疆地域辽阔，有沙漠和草原，被山脉环绕着。它的风景美得令人惊叹不已，但也充满了许多不利的自然条件。事实上，新疆拥有丰富的石油储量，以及有色金属、稀有金属和贵金属，其中包括锂。起初，没有人意识到该地区地下所蕴藏的宝藏。它的重要性还表现在它是中国与中亚各国、俄罗斯、欧洲各国交通的纽带。

在早些时候，为了让老百姓摆脱贫困，地方政府用当地的特产，如毛皮和羊毛，后来是自然资源，与苏联开展贸易。

中国共产党十分关注新疆的发展状况。在 1938 年的时候，毛泽东的弟弟毛泽民（化名为周彬）被任命为新疆财政厅的官员。在写给毛泽东的一封信中，他提到了新疆省政府主席盛世才有接受苏联贷款的倾向。作为交易，盛世才将新疆大量的矿产资源转让给苏联开采。苏联在必要的时候也愿意使用粗暴的武力行动来支持盛世才，以保障他们在新疆对当地自然资源的开采。

苏联利用中国对新疆管理薄弱的契机，在最靠近边境的地方恢复了非法采矿作业。到 1947 年的时候，苏联一直在从事非法采矿作业，并将大量的锂、铍和钨矿，主要通过额尔齐斯河运过边境。

1949 年，毛泽东领导的中国共产党建立了中华人民共和国。新中国对苏联的态度逐渐升温。1950 年，两国成立了有关石油和金属开采的合资企业，由此新疆的矿产资源实现了商业化发展。金属开采主要有锂、铍和钽的开采。苏联提供了开采作业所需的资本、专业知识和人力资源。当然，一些金属以最原始的形式出口到苏联。可可托海矿区就是一个开采作业中心，这里曾开采了大量的锂、铍、铌和钽等稀有金属。

20 世纪 50 年代中国的工业并不发达，所以中国很少使用那些应用于更复杂技术行业的矿物，如锂。但锂和其他稀有金属在偿还苏联贷款方面发挥了重要的作用。

接下来的一些年头，也就是电池热潮到来之前的几年，就锂而言，它只是稍稍引起了不同行业的兴趣。锂在玻璃、陶瓷、铝和空调行业的应用推动了锂业的发展。

除新疆以外，还有两个锂生产地区值得关注。这两个地区——江西和四川的地下锂储量足以证明其被开采的合理性。江西是一个不太富裕的内陆省份，其中一些地方靠近沿海地区。四川省与西藏自治区接壤。国有矿山和加工设施在这两个省份发展了起来，造就了今天的两大锂生产商——江西的赣锋锂业和四川的天齐锂业，它们占据着全球锂市场的很大份额。在下一章中，我们将继续追踪它们走向全球巅峰的历程。

第二章
全球的主导地位

中国较晚出现在世界汽车舞台上，还无法与老牌强国争夺传统动力汽车领域的主导地位。然而，传统汽车向可再生能源驱动的电动汽车的过渡正如火如荼地进行着，这为中国提供了一个巨大的机会，让中国在一个全新的行业中领先，中国人称之为"新能源经济"。

中国社会习以为常的高 GDP 增长率正变得越来越难以维持，尤其是像中国这样规模宏大且不断发展壮大的经济体，其发展过程中无法避免的结构性市场弊端又慢慢开始显现了。然而，抓住新能源经济这个机遇将会创造行业和就业的机会，并给这个渴望国力增长的国家带来一些急需的前进动力。

此外，还有另一个好处。为了满足人民群众追求美好生活的愿景，中国政府不仅需要保持经济增长，还需要解决和消除污染问题。在这个高度工业化的国家，发展经济与消除污染似乎是两个相互矛盾的目标。然而,全力以赴地发展新能源经济,从制造无污染的电动汽车到加工制造电池的原材料,中国政府会完美地实现这两个目标。

正是为了实现这样的目标,中国共产党竭尽全力促进中国走向电力驱动的未来之路,并努力清除面临的一切障碍。如果消费者带动的需求没有达到年度目标的话,政府可以通过税收减免和补贴的方式加以补偿;如果国内电池金属资源的使用性能和质量令人担忧的话,政府可以为海外收购提供廉价融资以实现在海外获得原材料的目标。

现在,让我们抛开宏观层面和政府的激励,先看看中国企业层面的非凡追求吧。中国企业通过获得尽可能多的高品质的锂资源,夯实了向新能源经济转型的资源基础。

江西省是中国不太发达的省份之一。这个地方似乎还没出现震惊全世界的创业故事。然而,全球最大的锂生产企业之一的赣锋锂业就是在这里诞生的。该公司以其在爱尔兰、墨西哥和澳大利亚等不同国家的一系列大胆的收购举措而闻名世界。

该公司的创始人李良彬和他的家乡一样不为人知。宽松的外套里穿着一件羊毛衫,额头突出,戴着无框眼镜,李良彬看起来更像是一位学者,而不像一家公司的董事长。该公司提供给中国新能源产业相关的产品。到2020年的时候,他的净资产被评定为14亿美元,在福布斯中国富豪排行榜上位列第265位。对于一个经历了持续爆炸式增长的行业领导者来说,这样的成绩已经相当不错了,根据2018年的年报，李良彬先生仍持有赣锋锂业约 20% 的股份，他是该公司最大的股东。

李良彬对锂行业了如指掌。他大学期间主修化学工程专业，大学毕业后，他去了家乡附近的江西盐厂①工作。在那里，他从事过多种工作，当过技术员、工程师和研究员。据他当时的同事说，他业务扎实，在技术研发的岗位上表现突出，同时他还具备很强的管理才能，以及出色的亲和力和良好的人际沟通能力。李良彬以前的同事们还指出公司的发展有赖于他的能力。他在那里工作期间，进行了大量的技术和产品的开发工作。

最终，由于出色的表现，他晋升为公司溴化锂部门的主管。在那个部门，他与主要使用溴化锂化合物的空调行业进行合作。1997 年，他辞职离开了公司。那个时候恰逢 21 世纪之初，正是锂离子电池带动的市场对锂的需求激增之前。也许他不想被限制在空调领域里，因为他看到市场上即将出现一种新的、重要的应用锂的行业。可以说，当时的他做出了一个艰难的决定——离开收入不菲的老牌公司，投身于未知的创业领域。

我们今天所熟知的赣锋锂业，是从新余市政府收购的一家小型锂金属冶炼厂发展起来的，当时的收购价格约为 12 万美元。它从一家不起眼的公司后来发展为证券交易所的上市公司。

---

① 该盐厂是锂盐厂。——编者注

在2006年，李良彬扩大了公司所有权，将具备所需技能的外部人员纳入其中。王晓申在这些人才中脱颖而出，不仅因为他对锂市场了如指掌，最重要的是，他的英语非常流利。

王晓申和李良彬都是从国有企业开启各自的锂业生涯的。王晓申加入新疆有色金属有限责任公司两年以后，李良彬开始了他的第一份工作。当时，与国家工业发展关键领域相关的大学毕业生会被分配到需要这类专业人才的国有企业。当时，在工作分配这件事上，个人没有太多的发言权。毕业生不能自由选择他们的职业生涯。年轻的李良彬可以选择去一家拥有5万名员工的钢铁厂，或去一家拥有800名员工的锂生产厂。他那种定量式的思维方式让他得出一个结论——在一个规模较小的组织中更容易脱颖而出。

不知李良彬开始创业之时是否考虑过锂在储能上的应用。即使是在最初，用于电池的锂化合物也是一项大宗业务，尽管它还没有达到诸如谷物、煤炭或石油等主要大宗商品整船交易的交易量，但仍足以按照整个集装箱的交易量来洽谈业务了。

然而，由于新公司缺乏资金，还无法处理大宗的业务。正如公司的创始人在开启职业生涯时选择了相对小众的化学品厂而不是炼钢厂，他在启动业务时基本上遵循了同样的思维方式，即专注于更专业的锂产品，如氯化锂和金属锂，以产生现金流。考虑到当时锂行业的规模是如此微小，可以说李良彬选择了小众中更为小众的行业，是明智之举。

即使是在当时,他的策略也被证明是颇具创新性的。当时,氯化锂的生产厂家完全依赖国内生产的锂原料。李良彬是最先考虑与世界上最大的生产商之一智利化工矿业公司(Sociedad Quimica y Minera de Chile S. A.,以下简称"SQM")建立合作关系的人。在没有中间商的情况下,直接从拉丁美洲进口原料,从而降低了自己公司的生产成本。

当时,规模很大的SQM与来自中国的小公司是很难达成合作的。当时SQM更出名的产品是硝酸钾(市场不断扩大的优质化肥的关键成分之一)而不是锂。

尽管如此,李良彬还是设法说服智利人与他合作。现在,请读者们花点时间,设身处地想想一家小型锂生产厂家的经营方式吧。大家可能很快就会意识到,其中主要的问题之一就是尽快获得足够的现金来购买原材料,只有这样,那些昂贵的锂加工设备才不会闲置无用。李良彬的公司大约需要一个月的时间才能从智利得到投入生产的原材料,且通常需要提前付款,才能让卖家将价值超过10万美元的货物装进货轮上的集装箱。然后,再花几天甚至几周的时间来加工这些原材料,以获得可销售的产品。有了产品之后,就需要设法把它们销售出去。产品的销售市场对化学品和大宗商品的需求是周期性的。如果产品是用于消费类电池的锂化合物,那么其需求量预计会增加,因为要为圣诞节期间的销售旺季做好备货,届时含有锂化合物的电子设备会卖得很好,但到了夏季,可能是销售的淡季。市场需求量不足有可能会迫使商家持有库存,以期待未来

第二章 全球的主导地位

的销售量上涨。但同时,商家的工厂需要继续运行,还要支付各种账单和员工的工资。读者们可以想象,在这种情况下保持现金流是多么艰难。即使账面上可能显示是盈利的状况,但是如果现金流断了,那么商家仍然有可能濒临破产。

因为这些风险,李良彬甚至急于将公司 25% 的股份免费送给 SQM,只是为了确保他的工厂可以毫无顾虑地获得至关重要的原材料。据报道,在中国的 SQM 代表人对李良彬这个想法感到非常震惊,他告诉李良彬股票的份额太大了,不能免费赠送。很显然,这位代表人一时竟然忘记了他代表的是谁的利益。

在飞往圣地亚哥的航班上,李良彬可能在脑海中思考了不同的场景。最后,他将 SQM 代表人所说的话记在了心里。他在谈判中提议 SQM 可以免费持有其公司较少份额的股份,即 15% 的股份,以换取 SQM 在原料供应方面的支持。SQM 对这笔交易很感兴趣,这足以令公司启动对赣锋锂业详尽的评估程序。然而,在对赣锋锂业进行检查并评估其发展前景之后,智利人拒绝了这一提议。

不过,SQM 只花了两年的时间就改变了他们的想法。这次,他们主动提出报价,并为双方的合作报出了一个很有竞争力的价格。可是,那时的赣锋锂业已经羽翼丰满,有足够的信心靠自己的力量做好业务,于是,它拒绝了与 SQM 的合作。12 年以后,两家公司的位置发生了转变:赣锋锂业将竞标 SQM 在一个有前景的阿根廷初期锂矿项目中的股份。这一次的交易一定会最终达成。

在 SQM 和赣锋锂业之间的业务交往中，还发生了一些微妙的故事。王晓申是第一个加入李良彬公司内部核心圈子的外来者。他早年在中国分销 SQM 的锂产品，当时他还在新疆有色金属工作。很可能是通过王晓申，李良彬了解到了 SQM 的优势，并间接地建立了他与 SQM 之间最初的业务联系。如同李良彬带领他的公司渐渐起步的情形一样，王晓申在确立赣锋锂业的国际地位以及引领其一系列的海外收购方面发挥了重要的作用。王晓申经常在被收购公司的董事会中占有一席之地。他的丰富经验和娴熟的英语能力使他成为赣锋锂业的形象代言人，也是赣锋锂业的全球联系人。然而，想要在国际舞台上占据重要的位置，赣锋锂业还需要获得更多的资金来加速其增长。

市场，特别是成长中的市场，不会留下真空地带。在需求强劲的新兴行业中，"赢者通吃"的心态很盛行。洛克菲勒（Rockefeller）旗下标准石油公司（Standard Oil）的故事就反映了这一点——这是塑造了美国企业愿景的故事之一。也许很难想象，在 19 世纪的下半叶，洛克菲勒公司的发展正处于早期阶段，石油是一个新兴产业。当时它的主要用途并不是最终推动其迅速增长的原动力。当时，石油主要以煤油的形式被消费者所使用，煤油灯是一种更好的、污染较少的照明设备。同样，早在 1994 年的时候，世界上生产的锂只有 7% 用于生产电池，而对它的主要需求是在陶瓷和玻璃的制作中。洛克菲勒通过垂直整合的策略迅速主导了早期的石油行业,在整个价值链上进行投资和收购,使标准石油公司能够简化生产和物流环节,降低成本,从而削弱了竞争对手。

中国的锂业巨头(不只是赣锋锂业,还有我们即将要讨论的天齐锂业),它们的经营之道与上面提到的洛克菲勒的标准石油公司的发展策略并没有太大的不同。赣锋锂业在领英平台上写道:"我们采用一个垂直整合的商业模式,沿着价值链的关键性阶段运营,包括上游的锂提取、中游的锂化合物和锂金属加工以及下游的锂电池的生产和回收。"① 用赣锋锂业董事长的话来概括,赣锋锂业的运营策略一直是"遵循循序渐进的战略并设定可实现的目标"。正是这一策略使该公司从一家省内的家族企业发展成为一家重要的全球性的企业。

如上所述,为了发展成为一家全球性的企业,赣锋锂业首先需要的是额外的资金支持。尽管该公司的收益实现了良性的增长,但在强劲增长的电池经济中,该公司需要利用资本市场来保持其领先地位。对赣锋锂业的投资由三个出人意料的战略投资者组成:中国—比利时直接股权投资基金、南昌创业投资管理有限公司和国有的中国五矿集团有限公司,它们帮助赣锋锂业迈出在证券交易所上市的重要一步。

---

① LinkedIn. n. d. *GanfengLithium*. [online] Available at:< https://www.linkedin.com/company/ganfenglithium/ >[Accessed 2 April 2021].

在交易所上市不仅为该公司开辟了一个新时代，也使其创始人和主要高管成为千万富翁。每一家上市的私营公司都需要发布招股说明书、营销方式和法律文件，公司使用这些文件向公众推销其股票，并传达有关公司和首次公开募股的关键信息。投资者使用招股说明书来帮助他们做出明智的投资决策。根据赣锋锂业的招股说明书，其34名股东中有31名是个人，而不是其他法人实体。李良彬的家族共持33,697,425股，占已发行总股本的44.9%。在李良彬将一家本地小型冶炼作坊发展为锂业巨头的艰辛历程中，那些始终支持并追随他的核心成员，终于迎来了他们的回报。

可以说，赣锋锂业的发展历程适逢其时，它的成功在今天的中国是很难重现的。其中部分原因在于锂市场的价格随后攀升了，竞争变得更加激烈；部分是由于环境的原因。2013年前，中国的环境污染确实比较严重，甚至有媒体报道，说日本空气中检测到了来自中国的污染物。

大城市的雾霾，尤其是首都的雾霾，让所有人都很难容忍。2012年末冬季，北京的污染水平一度超出安全水平40倍，那一年的冬天引发了民众对环境污染问题大范围的不满情绪，这一情形为启动新政策提供了巨大推力。商人兼慈善家陈光标靠回收再利用发了财。他曾出售来自中国无污染地区的罐装新鲜空气。他在10天内卖出了1,000万罐可口可乐易拉罐大小的罐装空气。他解释说，不要为了追逐最大的利润而牺牲我们子孙后代的健康，牺牲我们的生态环境。这种奇特营销模式的成功及其出售罐装空气的轶事充分表明，中国社会多么渴望尽快解决严重的环境污染。

作为像中国这样国家的领导人，一定能够做出长远考虑，制定长远规划，推行有效执行的环保计划。所以当中国政府终于下定决心解决环境问题的时候，其影响力很快就显现出来了。

减少污染、净化空气的战斗在两条战线上同时打起，这场战役对普通人的家居生活和行业发展产生了深远影响。一些地方禁止普通家庭在冬季烧煤取暖，一些地方将烧煤的锅炉移走，换作用电炉或煤气炉取暖。

尽管这种快速转变充满了挑战，但本书更关注的是该转变对行业带来的影响。行业领域的变化速度令人吃惊。2013年至2018年期间，全球金融交易所交易量很大的各种金属，从锑等稀有金属到铝等有色金属的冶炼厂和矿山都受到了影响。中国是精炼铜、铅、锌、锡和铝的最大生产国。中国金属产量的很大一部分来自规模相对较小的公司，这些公司的经营通常在一定程度上游走在法律边缘。这些公司的设施都受到了突然的审查，以确保它们符合更严格的排放量标准。但是，由于它们的产量很低，事实上，它们根本无法实施必要的技术来满足防污染的标准。因此许多这样的小公司不得不关闭。蓬勃发展的赣锋锂业如果在防污染方面行动迟缓的话，可能也会遭遇类似的命运。

没有人真正估算过中国新的环保措施究竟在多大程度

上导致了整个金属行业的产能下降,顶级的大宗商品市场研究公司普氏能源资讯(Platts)写道:"我们估计,中国在全球矿产量中所占的份额已从2016年的40%降至2018年的34%,并从市场传闻中了解到,新的环保标准是这些矿山关闭的主要原因。"①

总体而言,中国的政策取得了不凡的效果。截止到2019年年底,北京已退出世界污染最严重的200个城市的名单。从2015年到2018年,中国首都PM2.5的水平下降了35%。PM2.5代表直径小于或等于2.5微米的可吸入颗粒物,这一术语包含了各种固体颗粒的混合物,其中也包括煤燃烧的产物。评论者指出,北京的PM2.5水平仍然比伦敦高,但考虑到实现这一目标的时间跨度很短,这样的结果确实已经很显著了。

让我们再回来看看赣锋锂业的情况。在深圳证券交易所上市之后,该公司受到了许多看好新能源经济的散户投资者的青睐。在赣锋锂业所在的新余市,李良彬的成功激发了人们的想象力,几乎所有人都在争相购买赣锋锂业的股票。

在2018年的一次采访中②,李良彬谈到了公司管理、

---

① Court, M., Rutland, T. and Dhokia, K., 2019. *China And The Environment—Industry Versus Air.* [online] Spglobal.com. Available at: < https:www.spglobal.com/marketintelligence/en/news-insights/research/china-and the enviornment-industry-versus-air > [Accessed 15 March 2021].

② Itdcw.com. 2018. 赣锋锂业董事长李良彬:打造锂产业链"A+H"样板_电池网. [online] Available at: < http://www.itdcw.com/news/focus/0Z395503202018.html > [Accessed 9 March 2021].

第二章 全球的主导地位

投资者关系和进一步海外扩张的事宜。这些理念相互关联，相辅相成。公司管理和投资者关系是西方上市公司赖以生存的物质基础。然而，在家族企业或国有企业占主导地位的中国，情况并非如此。赣锋锂业采用了一种适当的公司管理模式——既可以保证企业作为一个独立实体的稳定性和运营的连续性，又避免其所有者或高层管理人员的独断专行——是值得骄傲的公司管理模式，尤其在江西省的企业界是很适合的。

赣锋锂业的扩张战略似乎是三重的。在国内层面上，采取公司兼并收购的战略，补充了现有的供应链。这是一种"大吃小"的策略。在国际层面上，其战略有两个要素：一是确保有足够的原材料用于加工电池级的材料，二是获得中国以外的投资者。为了实现后者，李良彬将目光投向了香港的维多利亚港，准备在那里的证券交易所上市。

世界各地的证券交易所在开市时都会敲钟。传统上，新上市公司的代表在公司首个上市日有权敲钟。在国内深圳证券交易所上市，可以为该公司提供从中国国内投资者那里获得资本的途径。但是，李良彬很快就对国际资本市场产生了兴趣。而实现这一梦想的第一步是在香港上市。香港是中国的传统金融门户。然而，赣锋锂业具有强大的公司管理模式，这才是至关重要的。如果缺少这一点，上述情况就不可能发生。赣锋锂业提供了针对内幕交易的防范措施。内幕交易是指接近公司内部人士，通过利用尚未公开的信息进行交易，从而获得相对于其他投资者的不公平优势。显然，对投资者而言，公平和透明是明智的衡量标准，可以用来判断一家中国国内企业是否准备好进入境外的金融市场。

李良彬在国内媒体的发言清楚地表明，为了公司的发展，需要确保在全球范围内获得上游优质的锂资源。"上游"一词来自石油行业，指的是供应链中最接近原始商品形态的部分。锂通常以矿石、精矿和锂化合物的形式进行交易。最原始的锂是以矿石的形式开采的。但锂矿石的有趣之处在于，即使矿石来自同一个矿床，其中所含的锂量也各不相同。不过矿石中氧化锂含量的变化幅度非常小，仅在1%到2%之间。也就是说，锂矿石约合98%的重量是由其他矿物组成的，这部分矿物通常对于锂矿开采者而言毫无兴趣，或者在他们的眼里只是废物罢了，任何人都不感兴趣。从经济的角度来看，远距离运输锂矿石显而易见没有意义，除非附近完全没有办法对其进行提炼。

现在让我们来看看澳大利亚的情况，该国目前是世界上最大的粗锂生产国。在参与锂开采业务的头几年，该国主要以矿石形式将产品出口到中国，因其国内没有足够的加工提炼设施。一般来说，无论是硬岩矿还是盐湖矿的开采都是整个处理流程中最简单一环（当然，并不一定意味着这是一个容易的步骤），而进一步的加工处理过程则是比较复杂的。在电池所需材料的供应链上走得越远，从工程角度来看，加工处理就变得愈加困难。然而，当精炼设施建成后，澳大利亚锂矿石开采商立即停止向中国出口锂矿石，转而开始出口锂精矿。顾名思义，锂精矿中的锂含量是"浓缩"的，氧化锂的含量通常可以达到6%。这个含量可能看起来仍然不是很多，但它至少是锂矿石中氧化锂含量的2倍，所以从成本的角度来看，这样做绝对是有意义的。

考虑到这一点，读者很可能会问一个问题——为什么澳大利亚没有进一步提炼锂呢？这似乎是澳大利亚生产商要前进的方向。然而，这可是一条荆棘丛生的道路，要么艰难爬坡，要么穿过沼泽。这种转换能力的进一步开发就是将锂精矿中6%含量的氧化锂转化为含量至少为99.5%的电池级材料碳酸锂。虽然这一转化过程比采矿作业所需的时间要少得多，但是这一化学提炼过程仍然需要大量的专业知识和丰富经验。这绝不仅仅是提高成品中锂含量的问题，更多地涉及控制杂质水平（镁、钾、钠）的技术。因为这些杂质最终会影响到电池的关键部件——阴极的性能。

这也不是一场零和博弈——要么得到电动汽车制造商梦寐以求的纯电池级化合物，要么得到毫无用处的一堆工业废物。如果澳大利亚的锂矿开采商建成了转换设施，他们也有可能生产出一种工业级的锂化合物，他们可以选择要么将它们出售给玻璃或陶瓷制造商，要么出售给中国的合作伙伴，因为中国的合作伙伴拥有转换设备和专业工程师，他们知道如何把工业级化合物提高一个档次，并进一步将其纯化到电池级。

赣锋锂业在设法获得优质锂原材料之后，进一步将它们加工，再出售给电动汽车电池组件制造商。要判断他们所设想的"可获得性"是否具有时间上的限定含义并不容易。问题在于，他们是认为全球高质量锂资源的总量有限，还是认为在未来五到十年内（即电动车销量预期将大幅增长的时期）可开采的锂资源有限。如果锂矿生产商不能及时为自己开拓出尽可能大的市场份额，那么他们今后有可能会越来越难做到这一点。这个行业如同任何新的快速增长的行业一样，永远是早起的鸟儿有虫吃。

赣锋锂业的持续扩张计划使其走上了成为世界第一大锂生产商的道路。然而，该公司的批评者和一些竞争对手则声称，这个头衔并不重要。雅宝（Albemarle）当时的排名是世界第一，它已经宣布了要成为锂业最赚钱的公司的发展目标。它希望为股东创造尽可能多的价值，似乎并不太在乎成为纯销量"第一"的头衔。雅宝说出了所有投资者都喜欢听的话。从利润的角度来看，这样的想法对于美国上市公司来说绝对是健康的，但是它忽略了一个更具战略性的视角，而中国工业企业的行动却充分体现了对这个战略视角的重视。

中国工业企业的想法需要与中国政府的战略考量保持一致，这些企业非常清楚这一点。中国政府希望获得安全的供应链和廉价的原材料，以实现交通电力化发展目标。像中国这样幅员辽阔的大国，只有通过大规模发展锂业和电池材料产业才能实现这一目标。中国的钢铁业、铝业和太阳能电池板制造业已经走过这条路了。

第二章　全球的主导地位

让我们来仔细看看中国铝业的发展历程。与锂的情况一样，汽车行业一直是也将持续是这种金属的主要需求驱动因素。2005年，中国在全球铝产量中所占的份额低于10%，但在2018年增至57%。这种产能上的极端增长是否意味着这些年来铝的发展趋势一直是积极正面的？真实并非如此。事实上，它的价格在过去15年里经历了很大的波动。2004年至2007年间，在全球大宗商品繁荣的时期——受到中国10%—14%的超常GDP增长率的推动——铝价从每吨1,715美元稳步上涨至每吨2,638美元。中国当时铝的产能也在增长。但在2007年，价格上涨的趋势发生了变化。从那时到2009年，铝价下跌了。2008年金融危机以后，全球经济的衰退加剧了铝价的下跌。当时中国的铝产量略有下降，但在世界产量中所占的份额却有所扩大。2009年后，随着中国的产能以及在世界市场上份额的大幅增长，铝价再次反弹至每吨2,400美元。随后，2010年至2016年间又经历了一次长时间的价格下跌。那么，这种过山车式的价格变动是不是阻碍了中国铝产能的增长？没有，铝的产量没有受到影响，并且增长很快。中国的世界市场份额从10%左右增长到60%以上。

铝业多年来的"好年景"主要是由中国对资源的渴求以及从国外进口铝资源所催生的。中国以外的铝生产商在很长一段时间内都处于负利润运营状态，因为他们徒劳地希望中国的巨大需求最终会消除过剩的产能。随着这一希望的破灭，他们不得不削减产能。与此同时，不管铝价格如何变动,中国一直在不断扩大其产能。产能增长的根本原因是中国供应链的独立性和中国汽车行业关键原材料成本的降低,而不是股东价值最大化。

与铝价格过山车式的变动相比,锂价格现在究竟处于哪个阶段呢?2019年底,锂价格的下跌平均超过了50%。我在这里指的是平均水平,因为锂是在不同的加工阶段,按照不同的质量,依据不同类型的合约进行交易的。这些因素对市场环境变化的敏感度有很大的不同。话虽如此,但总的趋势是走下坡路。2020年的大部分时间里,没有明显的上涨趋势,只是在年底,中国碳酸锂的价格才开始上涨。

乔治·索罗斯(George Soros)是我们这个时代最成功的投资者之一,也是一位极右翼的怪咖。他有关市场的"反身性理论"说,个人不可能客观地看待市场,因此我们应该始终假定我们的观点是有偏见的和不完整的。此外,这种投资者的偏见,无论是消极的还是积极的,都会对市场产生影响,并成为一种自我应验的预言。

2011年左右,分析师预测锂矿开采业务的产能将大幅扩大,预计将在2017年左右投入运营。但是,当这一年终于到来时,一半以上所预测的产能并没有实现,而电动汽车的发展开始以令人惊叹的速度增长,尤其是在中国。这让国际市场里的锂业经营者感到很恐慌,因为很快就会出现锂资源的匮乏,市场上将没有足够的锂来推动电动汽车的进一步普及。锂价格的飞涨已经超出了业内资深人士的

第二章 全球的主导地位

预期。2017年6月,《金融时报》发表了一篇文章,其标题反映了这种狂热的现象:《电动汽车需求引发锂供应恐慌》。该文章援引了美洲锂业(Lithium Americas)副董事长约翰·卡内利萨斯(John Kanellitsas)的话:"在需求方面有了更多的共识;我们甚至不再争论需求的问题。我们正在转向供应,电动汽车作为一个新的行业,我们是否能够为其供应所需的原材料。"[①] 你猜怎么着——在2019年底,由于市场上锂供应过剩,人们反而在讨论需求的问题,至少在短期内是这样的。行业牛市的预测水平线已经移动到2025年。根据分析师的共识,2025年可能会出现严重的赤字。

从投资银行到锂生产商再到政府机构,不同类型的机构都聘请了分析师对市场进行分析。这些分析师试图预测短期、中期和长期的锂价格以及供求关系。大多数公司倾向于相信类似的观点和数字,也就是通常所说的分析师的共识。脱离分析师的共识是一种冒险的尝试,那样则会遭受其他分析师在社交平台推特(Twitter)上或在行业会议的讲话中的猛烈攻击。因此,对于分析师来说,更安全的做法是随大溜,只在非常有限的范围内对不确定的未来加以预测。

电动汽车是拉动锂消费背后的主要驱动力。手机含有

[①] Sanderson, H., 2017. *Electric car demand sparks lithium supply fears.* [online] Ft. com. Availableat: < https://www.ft.com/content/90d65356-4a9d-11e7-919a-1e14ce4af89b > [Accessed15March2021].

大约 5 克的锂元素,而为电动汽车提供驱动力的锂电池则重达 30—60 千克。然而,这一切都归结于人们是否会选择电动汽车,以及何时选择电动汽车的问题。当然,为了让所有人的生活更加绿色环保,为了阻止气候的变化,需要政府施加强有力的监管措施。归根到底,这取决于你和我,取决于我们选择电动汽车而不是传统的燃油汽车。

客户是否购买电动汽车,理性上主要涉及电力成本是否超过燃料成本、单次充电的行驶里程、充电站的可用性、电池的安全性以及充电所需的时间等具体问题。然而,电动汽车市场分析师的争论中往往忽略客户的心理因素。实际上,心理因素在消费者的选择中也发挥着巨大的作用。因此,只要我们谈论电动汽车大规模市场应用的问题,就要尽最大的努力让电动汽车变得物美价廉和使用高效,就要让它们变得越来越有吸引力。否则,电动汽车有可能成为大众传统出行工具边缘的小众产品。

赣锋锂业目前持有全球 7 个锂资源公司的股份,业务包括锂辉石矿石、含锂卤水和黏土开采作业。如今,大部分锂是从锂辉石矿石中提炼出来的,但过去几十年情况并非如此。锂辉石矿最初应用于玻璃制造业和陶瓷业。在玻璃制造过程中,锂被用来降低熔点,从而在生产过程中节省能源和成本,或者用来生产高强度的玻璃。在陶瓷工业中,锂被用来生产玻璃和陶瓷的复合材料,就是电磁炉上那种典型的黑色表面。但是,技术进步和新的需求促使锂辉石(硬岩)的开采发生了天翻地覆的变化,并催生了转化加工行业。绝大多数锂辉石的转化加工厂位于中国。其中一些是独立的企业,由不同行业领域中经验丰富的商人投资建立,以寻求新的盈利机会。许多新公司最初的想法是迎合不断扩展的电动汽车行业,但最终销售的却是质量较低的锂材料。这些锂材料更有可能应用于电动自行车或不知名品牌的电子设备上。事实上,生产更高质量的锂材料比预期的要困难得多。

就目前的情况而言,澳大利亚和中国之间的锂贸易让人联想到铁矿石的贸易。大量的锂矿石主要从西澳大利亚的黑德兰港运出,因为最大的锂矿位于其附近。铁矿石和锂贸易的区别在于,铁矿石的运输形式比锂矿石更粗糙,而且运输的数量更大。这一切都与钢铁行业无比庞大的规模有关。我们需要记住这一点——钢铁生产是中国工业化的支柱产业,但同时它也推高了中国环境的污染程度。现在,我们发现锂材料将推动中国另一场重大的变革,其中电气化、脱碳化和数字化是这场变革的主题。

我们再来看看澳大利亚如何设法从中国的工业转型中获利,并极力为其提供原材料,以促使这一转型尽快发生。这个过程是非常有趣的。在2018年的时候,铁矿石占澳大利亚所有出口价值的15%,这个份额令人震惊。锂不太可能在短期内在澳大利亚达到如此规模。然而,如果从大局去看这件事,它不仅关乎收入的规模,还关乎战略的定位。在可预见的未来,中国仍需要澳大利亚的锂资源来逐步淘汰内燃机。这种情况将为澳大利亚在对华关系的谈判中提供独特的视角。

随着中美贸易战的爆发,有关中国将其稀土储量用于武器装备制造的言论再次出现。稀土是用于许多尖端技术的矿物,特别是用于生产永磁体。稀土在国防、高科技电子和电动汽车发动机中发挥着关键的、不可替代的作用。2019年5月,《环球时报》主编在推特上曾说道:"据我所知,中国正在认真考虑限制对美国的稀土出口。中国还可能采取其他的应对措施。"[1] 中国控制着全球80%以上稀土的生产,并多次在国家关系恶化时将矛头直指美国和日本。就日本而言,中国曾采取过行动。2010年9月7日上午,中国"闽晋渔5179号"拖网渔船在钓鱼岛海域附近作业时,与日本海上保安厅的巡逻船相撞。撞船事件发生以后,中国船长被日方扣押。中国在提出要求释放船长的声明几天后,退出了会谈。与此同时,中国施加了另一种更为有效的压力:停止向日本公司出口稀土。即使从来没有官方正式的禁运,中国海关官员以进行额外的检查为由停止了对日本的稀土运输。官方给出的理由是需要进行反走私检查。这种对供应链的控制一直持续到船长被释放后的一段时间,并且还影响到了日本以外的市场,抬高了全球范围内稀土的价格。这对日本一些最具创新精神的

---

[1] Shen, M. and Zhang, M., 2019. *China considers U. S. rare earth export curbs: Global Times editor.* [online] Reuters.com Available at: < https://www.reuters.com/article/us-China-usa-rareearth-idUSKCN1SY1Gk > [Accessed 6 April 2021].

公司造成了损害。不久后,日本贸易大臣亲自恳求中国重启稀土的出口。很快,出口恢复了正常,没有给双边经济留下持久性的影响。时至今日,无论是在管理层面还是政治层面,人们仍然担心中国可能会再次打出稀土这张王牌。

日本在全球高科技供应链中占据着非常微妙的位置——它正好处于中间地带。日本从中国购买原材料,然后以零部件或先进化学品的形式,将原材料转化为电子行业的基础材料。日本经济在20世纪80年代和90年代初创造奇迹时,日本公司设法开发了这些产品并申请了专利。后来,当韩国开始其快速的经济崛起时,在很大程度上依赖的是电子设备的生产,尤其是手机。韩国本土企业不需要重新发明新的运作方式,它们几乎是在日本提供的基础技术之上发展起来的。直到最近,在日韩贸易争端期间,韩国才敏锐地意识到这种依赖性的弊端。我们将在本书后面的章节对此进行详细的探讨。

从法律角度来看,中国禁止向日本出口稀土并不违法。因为中国最大的稀土生产商,如中铝、北方稀土、厦门钨业和中国五矿,都是国有企业。即使在正常的市场条件下,稀土的生产和出口也要受到配额的管制。如果澳大利亚继续提高其锂原料的产量,而中国又不能进一步扩大其国内锂原料的产量,也许有一天,澳大利亚将在未来的双边贸易争端中拥有一个有分量的筹码。

中国锂资源的储量巨大,尤其是青藏高原的卤水资源。

但是，这个位置的环境非常恶劣，很难进行资源的开采和运输。更糟糕的是，西藏锂资源的特点是杂质含量高，特别是镁的含量很高。正如我们之前所讨论的那样，生产优质电池级材料关键在于必须将杂质保持在上限标准以下。赣锋锂业意识到国内可用的锂资源存在不足的问题，因此它收购了马里恩矿（Mt Marion）和皮尔甘古拉矿（Pilgangoora）——澳大利亚硬岩锂辉石矿的股份。然而，赣锋锂业并未完全控制这两处资产。即便能完全控股，其锂的产出仍可能受到澳大利亚政府控制的出口关税、矿区使用费和生产或出口配额的限制。其中的道理显而易见。换言之，即使完全拥有外国管辖范围内资源的所有权，澳大利亚政府仍然不允许海外所有者对资源进行完全的控制。马里恩矿和皮尔甘古拉矿分别是澳大利亚第二大和第三大锂矿。赣锋锂业在皮尔甘古拉矿山的份额很小，仅占有4.3%，而在马里恩矿山份额则高达43.1%。但即使只是掌控一小部分的股份份额也足以成为购销合作伙伴。

澳大利亚最大的锂矿是格林布什矿（Greenbushes）。2019年，该矿山生产的锂辉石精矿超过了100,000吨碳酸锂当量，考虑到其余的140,000吨碳酸锂当量的产量是另外六座矿山产量的总和，毫无疑问，格林布什矿是澳大利亚最大的锂矿。格林布什矿在一定程度上也是中国的，因为其51%的股份属于赣锋锂业的主要竞争对手——天齐锂业。至此，我们的故事到了该好好地介绍另一个重要的中国公司的时候了。这两个中国锂业巨头之间的比拼——或者更

第二章 全球的主导地位

确切地说,它们之间友好的竞争——不仅发生在中国国内,也发生在全球范围内。天齐锂业和赣锋锂业之间有很多相似之处。尽管天齐锂业是一家市值数十亿美元、业务遍及全球的上市公司,但它仍保持着家族企业经营的特点。天齐锂业的创始人蒋卫平先生的教育背景和大部分的职业生涯都与农业机械相关。和赣锋锂业的创始人一样,蒋先生也是因为看到了别人没有看到的商机而投身锂业的。蒋先生涉足锂业始于从国家收购了一家处境艰难、每况愈下的锂化合物生产企业——射洪锂业。他和家族一起控制天齐实业的经营,现在持有天齐锂业超过41%的股权。蒋卫平持有天齐实业88.6%的股份,他的女儿蒋安琪持有10%的股份。作为董事兼总经理,杨青女士持有余下1.4%的股份。此外,创始人的妻子是天齐锂业的第二大直接股东,持有该公司5.16%的股份。通过家族控制企业的所有权,确实让蒋先生变得非常富有。中国的胡润百富榜(相当于中国的福布斯榜)在2019年评定他的财富约为18亿美元。同时他还成功地涉足了政界。在2018年的时候,他当选为全国人民代表大会四川省代表。在一系列中国媒体的采访中,蒋先生强调了他对制造业的热情,并谈到他很喜欢听车间里机器的隆隆声。锂是元素周期表中第三个元素,它是最具活性、密度最小的金属。其独特的性质以及从核工业到电池业的广泛应用,引起了蒋先生的兴趣。当他发现澳大利亚的生产商并没有看到锂辉石日益增长的重要性时,他促成了澳大利亚将锂辉石销售到中国的业务。

正当锂的价格似乎只朝着一个方向发展——持续上涨——而所有人都担心即将到来的供应短缺的时候,蒋先生仍然保持着冷静。他经历了锂市场价格的起起落落,并对低端市场的产能过剩提出过警告。对他来说,锂业是一个周期性变化的行业,当低价浪潮最终到来时,一些企业迟早会暴露出自身的弱点。为了应对这种情况,他需要确保以较低的价格生产出高质量的材料。天齐锂业的战略反映了他的经营理念。该公司一直在大规模地扩张,其创始人并不担心市场的需求下降,而希望在采矿方面获得优质资源,并提高锂化合物的产量。幅员辽阔的格林布什矿并不是天齐锂业王冠上唯一的珍贵宝石。对该公司来说,更重要的也许是拥有世界上最大的锂制造商之一,也是其直接竞争对手SQM的股份。

与格林布什矿不同,SQM不仅仅是一座矿山,它还是一家垂直整合的"从矿山到电池材料"的生产商。天齐锂业以41亿美元的价格从加拿大化肥公司纽崔恩(Nutrien)手中收购了SQM高达23.8%的股份,这是锂业历史上成交的最大的一笔股份交易。这笔交易的达成引发了众多的争议。故事要先从卖家——全球最大的钾肥生产商纽崔恩说起。钾肥是化肥的主要成分之一。纽崔恩是加拿大加阳(Agrium)和加拿大钾肥(Potash Corp)两家公司在低迷的化肥市场整合浪潮中合并而成的公司。化肥生产商见证了全球人口的快速增长。这些人口需要更多的粮食,而不断壮大的中产阶级希望从牲畜中获得更多的蛋白质。这些

第二章 全球的主导地位

牲畜需要以谷物为基础的饲料。依据这样的思路，化肥生产商认为市场对化肥的需求将会飙升，于是投资扩大产能，结果产能很快就远远超过了实际的需求。在这两家公司开展业务的国家里，大多数监管机构都批准了这一合并。只有中国和印度的监管机构对这一交易亮起了红灯，它们认为其中存在垄断的可能性。中国和印度是世界上最大的两个化肥消费国。因此对于一家新合并的化肥公司来说，失去进入中国和印度中任何一个市场的机会都将是一场灾难。最终，双方达成了一项协议，即如果加拿大钾肥出售其在SQM 32%的股份，则该合并将会获得批准。SQM除了经营锂业务以外，也是一家大型的化肥公司。事实上，在2018年，SQM的钾肥和化肥销售额占其收入的47%，而让该公司经常成为媒体头条的锂业务只占了收入的32%。

加拿大钾肥同意了该项协议，并与加拿大加阳合并成立了纽崔恩。不久之后，一家投资银行受聘协助拍卖加拿大钾肥所持SQM的股份。2019年3月是监管机构设定的完成出售SQM股份的最后期限。依据协议必须出售的SQM 32%的股份当中，有8%是在圣地亚哥证券交易所公开拍卖的，共筹得10亿美元。

有关加拿大钾肥和天齐锂业之间的交易，目前还不清楚是谁最先提出的。是天齐锂业对预期销售已经关注了一段时间，还是银行家联系的天齐锂业呢？现在回想起来，这些问题已经无所谓了。重要的是，这笔交易是智利股市历史上最大的一笔交易。但是，天齐锂业在财务上还没有准备好抓住这个千载难逢的机会。他们需要从总部位于香港的中信银行获得一笔贷款，以便有足够的资金收购 SQM 的股份。

中信银行是中国最大的银行之一，由红色资本家荣毅仁先生创建。荣毅仁也曾是中国国家副主席。荣先生之所以被称为红色资本家，源于一个事实，即他的家族是 1949 年前中国资产阶级中极少数与中国共产党合作的家族之一。

加拿大钾肥和天齐锂业之间的交易从一开始就在智利社会引起了极大的争议，不同的参与者试图阻止它的达成。第一个对手是胡利奥·庞塞·勒鲁（Julio Ponce Lerou）。他是智利锂业的杰出人物，也是皮诺切特昔日的女婿。这次收购原本是为了获得反垄断机制的快速审批，但庞塞·勒鲁向司法部门提起诉讼，反对加速审批。

胡利奥·庞塞·勒鲁是 SQM 最大的个人股东，持有该公司 30% 的股份，根据《福布斯》杂志，他的净资产高达 43 亿美元。庞塞·勒鲁以及协助他持有 SQM 股份的潘帕集团（Pampa Group）正式向法院提起诉讼，理由是本次收购妨碍自由竞争，因为这将授权天齐锂业参与另一个直接竞争对手公司的所有权和管理。然而，庞塞·勒鲁阻挠天齐锂业的真正原因可能是本次收购将在 SQM 内部形成一股制衡的力量，限制他本人掌控 SQM 的能力。起诉的结果令庞塞·勒鲁很沮丧。法院裁定支持快速批准的请求，宣布原告的起诉主张缺乏依据。然而，这并不是天齐锂业陷入诉讼困境的终结。

智利生产促进局（Corporación de Fomento de la Producción）是为促进智利经济增长而设立的政府机构，它通过管理该国的锂矿租赁业务，在智利锂业发号施令。该机构当时的负责人爱德华多·比特兰（Eduardo Bitran）一直积极参与推动国内锂业的发展。在他的领导下，生产促进局向监管机构提交了一份长达45页的起诉书，内容与潘帕集团的主张一样，认为该笔交易将危及锂市场的自由竞争。

米歇尔·巴切莱特（Michelle Bachelet）执政政府的成员倾向于反对拟议中的中国收购业务，他们在智利的政界并不孤单。中间偏左的总统候选人亚历杭德罗·吉耶（Alejandro Guillier）也就此收购提出了申诉。在越来越大的政治压力之下，智利反垄断部门最终启动了一项调查，澄清了几个引人关注的问题。

令天齐锂业高兴的是，智利政界的态度随后发生了很大的变化。当塞瓦斯蒂安·皮涅拉（Sebastián Piñera）就任总统时，巴切莱特政府高层以及生产促进局的负责人被彻底替换。天齐锂业最终与智利反垄断部门达成了和解，承诺将采取一系列措施遵守反垄断法，包括禁止选举董事会成员，以及限制访问SQM的一些机密性的商业数据。

这对天齐锂业来说是大获全胜。但是不久以后，许多分析师对该笔交易的可行性打上了问号，他们怀疑天齐锂业是否有足够的资金偿还收购的贷款。为了应对即将到来的贷款偿还，天齐锂业在证券交易所上市。但是，在2019年12月只筹集到4.24亿美元，还不到他们预期资金的一半。

然而，偿还中信银行22亿美元巨额贷款不太可能致使天齐锂业破产。事情并不是沿着如此简单的逻辑向前发展的。在中国，大约有15万家国有企业。它们并不总是经营状况良好，并不总有丰厚利润，也很少有机会获得西方经济体中被划分为国家援助的资金，例如补助金。与此同时，虽然国家面临着巨大的财政压力，但是国家仍然为它们提供了帮助。对于国家级和省级的官员来说，确保社会的稳定性是他们关注的焦点，要保证人们有工作，不能造成过高的失业率。事实上，包括中信银行在内的大多数中资银行都是国有银行。中信银行是中国国际信托投资公司的全资子公司，而中国国际信托投资公司是一家完全国有性质的投资公司。一个完全国有的投资实体公司是不会让未来战略行业中最大的两家公司之一倒闭的。如果对此产生置疑的话，就会显得过于天真。事实上，在一系列以产能过剩为特征的行业中，数千家长期不盈利的国有企业正得到国有银行不断扩大的贷款支持。

中国社会那种努力工作、克勤克俭的典型印象似乎在某种程度上是真实的，至少在个体层面是如此。以西方社会的标准来看，中国的消费贷款甚至抵押贷款的水平都很低。对私有中小企业的贷款也是如此——然而，在过去10年中，大公司积累的债务数额飙升，其增长水平在世界发达的经济体中是没有的。

中国政府对这种情况并不满意,考虑到中国的长远利益,希望实现去杠杆化。2020年11月,国有企业永城煤电——曾经是一家非常成功的煤矿企业——债券违约,政府并未出手相救。这种情况改变了投资者的假设,提高了国有企业的借贷成本。不过,我们还需要记住这一点——随着中国向更清洁的能源转型,中国政府允许其众多国有煤矿中的一家破产,但这一现象并不必然预示着新趋势的出现将会影响中国主要的锂业经营者。

截止到2021年年初,天齐锂业的最新进展是找到了一位战略投资者——在澳洲从事矿产勘探的IGO公司,这家公司在澳洲采矿业拥有丰富的运营经验。事实证明,锂业务很好地补充了这家公司在西澳大利亚的镍钴铜采矿业务,因为该公司希望将自己转变为清洁能源金属的主要经营者。天齐锂业与IGO签订了协议,出售了其在奎纳纳的氢氧化锂工厂和格林布什锂矿的大部分股份,总金额高达14亿美元,同时仍保持着对该公司的控股权。如果交易最终完成,再加上锂价格反弹,天齐锂业很可能摆脱财务上的困境,而无须求助于国家的财政援助。由于澳大利亚与中国的双边关系在2020年严重恶化,IGO的参与在政治上也有可能是一个利好的举措。澳大利亚政界人士对大多数被中国视为敏感的问题都表明了立场。

锂业的发展得益于中国的影响力。采矿业一直被认为是一个投资巨大的行业。如果你在鸡尾酒会上告诉别人你拥有一座矿山,那么毫无疑问你至少是个百万富翁。但事实并非如此。初级矿业公司通常资金不足,常常大肆宣传以寻求投资者。采矿业,即使是采集电池所需要的金属矿业,也不再那么有吸引力,很难找到投资者。实际上,资金流向了技术公司,不管是清洁技术、生物技术还是金融技术公司。绝大多数的原始资本和风险投资公司选择为科技公司融资。如果你试图劝说它们给更传统的行业投资,比如航运或采矿行业,它们甚至不愿意评估你的商业计划。这并不意味着你的商业计划没有意义,而是因为这样的计划已经不符合现在的投资模式了。投资者已经倾向于对科技公司进行投资了。

世界上仍然有少数几个国家的明智的投资者对矿业投资保有浓厚的兴趣,主要在加拿大和澳大利亚。全球最活跃的矿业公司往往都在这两个国家成为上市公司。因此,如果你的公司在伦敦有办事处,在刚果(金)有采矿项目,那么在澳大利亚证券交易所或多伦多证券交易所上市对你来说可能还是很有意义的。伦敦金属交易所的总部位于伦敦,目前仍有少数投资者留在这里,但大多数矿业公司的股票都不在这里上市。伦敦金属交易所是一个缔结金属交易金融合同的机构。事实上,尽管其总部设在欧洲,但却属于中国资本。因为它已被香港证券交易所收购。考虑到比起被香港证交所接管,伦敦金属交易所被亚洲同行边缘化的风险要高得多,那么该交易所被香港收购则是令中国很高兴的事件。

第二章 全球的主导地位

也许西方矿业企业家们很乐意出售他们在拉丁美洲的项目，如果中国人没有买下这些项目，它们可能无法进入生产阶段。但是其他一些利益相关者对这种情况感到很担忧。为了避免西方中心主义的指责，我们先谈谈日本商人的情况。日本投资者对这一现状不太满意。我曾经有机会与一位日本的高管交谈，他说他需要看看欧洲的项目，因为在拉丁美洲、亚洲、非洲和澳洲，无论是正在谈判中的项目，还是成交的项目，中国人的投资无处不在。这位与我交谈的日本经营者不想加入这场竞争游戏。他希望继续寻找有价值的产品，而不想与中国人进行价格战。再举一个日本人的例子：众所周知，日本公司往往坐拥巨额现金。根据一些文件的记载，截至2019年，它们持有4.8万亿美元现金。为了让大家了解这个数字的意义，我们来做一个对比：瑞典2018年的GDP为5,510亿美元，大约是日本公司囤积现金的八分之一。此外，日本在海外的净资产连续28年超过其他任何国家。资产净值是从日本政府、公司和个人在海外拥有的资产中减去外国人在日本持有的资产价值得出的。截至2018年底，这一资产净值为3.1万亿美元。同样，让我们把这个抽象的数字放在具体的情形下看看。沙特阿美这家石油公司（Saudi Aramco）每天能够生产1,250万桶石油——一些分析师称其为地球上最赚钱的公司和最大的石油生产商。该公司在证券交易所的估值一度高达2万亿美元。因此，凭借这种巨大的消费潜力，从理论上讲，日本是争夺锂资源的强有力的竞争者。然而，与中国人相比，日本人仍然做得比较差。

考虑到日本在电池行业的悠久历史，日本的观望立场更加令人感到惊讶不已。事实上，日本是大规模启动电池行业的国家。其邻国韩国看到日本在该领域的首次成功，决定发展自己的电池系列公司，并与日本进行密切的合作，以获得必要的技术诀窍。从低起步开始，韩国成功地建立了主导当今电动汽车和消费电子产品供应链的电池公司。但是，韩国与日本一样，在锂业发展方面一直处于落后的局面。

然而，有人可能会说，即使日本和韩国更关注的是电池产品的附加值部分，如电池本身、正极材料、负极材料、电解液等组件，但是至少日本和韩国在电池供应链方面已经占据了非常强大的地位。美国和欧盟在锂业的地位就令人尴尬了。

实际上，仅对电池研发的贡献而言，美国确实发挥了先驱性的作用。当今最流行的电池化学物质——镍钴锰——是由美国阿贡国家实验室开发的，该实验室的传统可以追溯到曼哈顿计划时期。在该实验室里，最优秀的科学家与纳粹德国的技术专家竞赛，制造了第一颗原子弹。令人惊讶的是，镍钴锰是在2000年左右开发并获得专利的，所以这项技术已经存在了一段时间，其最新的版本，如811系列电池，仍被认为代表了电池领域的最前沿技术。然而，尽管美国在科学研发方面具有领先的优势，但是美国的镍钴锰正极材料的生产水平却远不及中国。中国目前拥有该材料大部分的市场份额。

锂在电池中用作正极材料。其他元素，如钴、镍、锰和铁，也以不同的含量存在，其各自的含量取决于正极的化学性质。锂作为电池材料的独特性在于，在所有可用的锂离子电池正极材料中，它是唯一必须存在的元素。

美国生产少量的锂，而加拿大则完全不生产。美国地质勘探局（United States Geological Survey）出版了一本涵盖全球金属矿产商品的权威性文献，并提供了可靠的数据。尽管这是一份美国的出版物，但它对美国的锂生产水平进行了保密。这是因为美国只有一座锂矿，而且只属于一家美国公司，即雅宝公司。该公司避免公布其锂生产的数据，以免泄露公司敏感的商业信息。雅宝是一家锂业的巨头，按容量计算是世界最大的锂生产公司。然而，该公司生产的锂的数量并不比其主要竞争对手赣锋锂业、天齐锂业和SQM高出多少。在获取海外资产方面，雅宝也不像中国的锂业巨头那样积极进取。该公司似乎满足于其在澳大利亚和智利的强势地位。雅宝的目的是为其股东创造最佳价值，而不是成为最大的锂业生产商，这标志着中国和美国锂业巨头在发展模式上的明显差异。

雅宝的经营目标是为投资者服务。天齐锂业和赣锋锂业与雅宝一样，都是在证券交易所上市的公司，但中国的锂业巨头需要时刻牢记中国的最佳利益。天齐锂业和赣锋锂业，在很大程度上仍然是家族企业。这两家公司是从最初廉价购买濒临破产的国有企业的基础上发展起来的。当然，它们是以盈利为目的的，但盈利并不是它们唯一的考量。它们不能忘记是如何起家的，也不能忘记是如何受政府扶持一点一点发展壮大的。因此，它们必须同时牢记公司的利润和国家的战略，这是它们做出重大决策时要考虑的双重因素。赣锋锂业曾表示，它的目标是成为全球最大的锂生产商。它并没有像雅宝那样，将服务股东的利益作为其发展的指导原则。锂行业的发展反映了具有中国特色的国家资本的另一个层面，经济学家已经就此问题谈论了相当长的一段时间。

一个有趣的问题是，西方和亚洲主要经济体将如何与中国进行竞争。它们会坚持自己的既定发展模式，还是试图全部或部分地模仿中国的方式，或者提出某种不同的综合性方式？这个问题不仅关系到电池的供应链，而且从电池供应链的视角去看也很有趣。

贸易战实际上是西方应对中国主导地位的一个实例。彼得·纳瓦罗（Peter Navarro）曾担任特朗普政府的白宫贸易顾问。他将中国的国家补贴称为中国的"七宗罪"之一，并认为在中美两国贸易关系再次正常化之前，这些问题必须得到解决。美国还搬出世界贸易组织对中国施加压力。中国曾不遗余力地想要获得该组织的成员资格。美国、欧盟和日本的贸易部长曾在世贸组织内多次会晤，试图说服中国政府对经济的参与更加透明化，从而有朝一日为那些在中国得不到政府支持的企业创造更公平的竞争环境。值得注意的是，韩国并未加入对中国施压的国家行列。韩国经济增长的奇迹很大程度上是在政府指定和扶持之下,在特定细分市场上发展出口导向型产业的结果。

各国与中国的竞争是多维度的。一种方法是通过批评来破坏中国模式;另一种方法是在现有的法律框架内效仿中国模式。后者正是欧盟和美国一直在做的事情。参议员莉萨·穆尔科斯基(Lisa Murkowski)和乔·曼钦(Joe Manchin)提出了两党立法的提案,以解决美国在电池、清洁技术、高科技和国防工业方面对外国矿产需求的依赖。穆尔科斯基说:"我们国家的矿产安全是一个重大、紧迫且经常被忽视的挑战性问题。我们对中国和其他国家关键性矿产的依赖使我们失去了工作机会,削弱了我们的经济竞争力,并使我们在地缘政治上处于劣势。"[1] 媒体称穆尔科斯基的提案是一项全面性的计划,旨在促进那些被认为对美国至关重要的矿产在美国国内的开采。

穆尔科斯基的提案将问题的讨论转向了正确的方向,并指出了关键性问题。但该提案要解决的问题对锂业来说并不重要。它是美国全国资源评估、许可权改革和国家矿产劳动力研究的关键组成部分,可是这些几乎不可能为美国的锂业初级经营者带来任何改变。与其他国家相比,美国的采矿法律体系非常健全,对商业经营者非常友好。然

---

[1] U. S. Senate Committee on Energy and Natural Resources. 2019. *Murkowski, Manchin, Colleagues Introduce Bipartisan Legislation to Strengthen America's Mineral Security*. [online] Available at: < https://www.energy.senate.gov/2019/5/murkowski-manchin-colleagues-introduce-bipartisan > [Accessed 8 April 2021].

而，只要有充足的可用资金，采矿项目仍然会在情况不良的地方取得好的成果。那么资源评估又有什么意义呢？同样，与中国或阿根廷相比，美国的矿产资源已经得到了更好的规划。然而，美国并不拥有与这些国家相匹敌的项目数量。北美锂业初级经营者真正需要的是获得充足的资金。

对于许多电池金属矿业的企业家来说，穆尔科斯基的提案相当于小题大做。可以说，该提案唯一真正的积极影响是它为采矿业做了一次良好的宣传，并提高了人们的意识——在这个国家，新一代更容易将"采矿"与数据而不是矿物联系在一起。

在电池供应链的体系里，人们往往会想到特斯拉（Tesla）。特斯拉是一家创新型公司，它在电动汽车领域的贡献堪比苹果公司对智能手机行业的革命性影响。它的产品被认为外形很酷，质量上乘，很美国化。与大众的普遍认知不同，特斯拉并不生产电池。作为电动汽车运行的关键要件——电池——并不是特斯拉的产品。对于其位于内华达州的超级工厂来说，实际上是由日本的松下（Panasonic）为其提供所需的电池。另一家日本公司住友金属矿山（Sumitomo Metal Mining）生产的含锂正极材料是电池的关键组成部分，对电池的性能起着关键性的作用。

正极材料是在生产过程中嵌入锂化合物的晶体结构物质。在充电过程中，锂离子从正极脱嵌，而在放电时，它们需要返回到正极的晶体结构中。每次电池充放电时，这个过程会不断重复。在纳米级别上，正极材料的晶体结构需要足够坚固，以承受锂离子的嵌入和脱嵌。

了解单体电池（cell）和电池（battery）之间的区别并正确使用这些术语是非常重要的。特斯拉汽车的动力来源是电池组，这些电池组由电池单元组成，通过模块化连接在一起。特斯拉使用的多个圆柱形单体电池，从外观上看，和用于电视遥控器的电池非常相似。电动汽车的电池具有优越的电化学性能，并在电池组中大量出现——例如，大约7,000个单体电池连接成电池模块，再加上管理它们的系统，就形成了一个电池组。

欧盟过去在电池问题上的立场很奇怪。其决策者认为，电池很快就会成为纯粹的商品，因此不会成为欧洲大陆先进的、以附加值为导向的经济体的有效商业兴趣点。欧盟还担心产能过剩的蔓延——这或许是一种合理的焦虑心态。我们稍后再讨论这个问题。欧盟还是忽略了一些有效的反对意见。这些意见可能会使规模量产朝着在国内建立电池工厂的方向倾斜。首先，汽车制造商喜欢准时交货，并习惯与附近的产业集群合作，更愿意在靠近需求中心的地方建立关键零部件的供应链。迄今为止，德国、瑞士、匈牙利和捷克共和国已经建立了大量成功的专业性公司，专门为宝马、奔驰、奥迪或大众等德国汽车行业巨头提供服务。

其次，即使欧盟最初不想建立电池工厂，但是它仍然希望成为该创新领域的先驱。然而，人们普遍认为，为了充分利用工业和研发之间的自然协同作用，在地理上靠近实验室的地方建立一个制造基地要容易得多。这还让高校有机会从该地区的工业企业中获得客户资源，为从学术研究中孵化出的初创公司提供机会。

以德国巴伐利亚州为例，其庞大的创业基地就是围绕在地理上邻近的汽车行业建立的，而当地的学术机构，如慕尼黑工业大学、马克斯·普朗克研究所的研发活动是与当地制造公司和初创企业密切合作开展的。这种成功的案例很可能在电池行业再次出现。

2015年，戴姆勒旗下的电池生产商Li-Tec不得不宣布倒闭，这完全出乎人们的意料。Li-Tec在当时拥有非常了不起的技术，但产量太低致使其生产成本昂贵，这导致了它失败的命运。2016年初，戴姆勒的首席执行官迪特·蔡澈（Dieter Zetsche）决定不与宝马和奥迪成立合资企业，而在德国投资电池的生产。他告诉媒体："事实上，目前市场上存在巨大的汽车产能过剩，电池已经成为一种商品。最愚蠢的事情就是进一步加剧汽车产能过剩。"①

幸运的是，欧盟已经开始慢慢意识到了新出现的现实情况。2017年10月，在一次欧盟会议上，欧盟委员会副主席表示："考虑到供应链安全、运输成本增加、交货时间延误、质量控制薄弱和设计受限等原因，欧盟境内缺少电池

---

① Loveday, S., 2016. *Daimler CEO Says There's Massive Overcapacity In Battery Cell Market.* [online] InsideEVs. Available at: < https://insideevs.com.news/328596/daimler-ceo-says-theres-massive-over-capacity-in-battery-cell-market/ > [Accessed 8 April 2021].

制造基地,这必将危及欧盟工业客户的利益。"① 来自巴斯夫(BASF)、戴姆勒、雷诺(Renault)和优美科(Umicore)的高管参加了这次会议。优美科的副总裁埃格伯特·洛克斯(Egbert Lox)表示,欧洲需要"电池界的空中客车公司②",考虑到该公司作为正极材料供应商所具备的强大地位,这一说法有点利己的意味。

事实上,韩国人正在将自身的发展领先于欧洲,并从新兴的欧洲电动汽车产业中获利。2015年,LG化学(LG Chem)决定在欧洲建立一个电池生产厂。该工厂的具体选址是波兰弗罗茨瓦夫附近的一个地方。考虑到这个厂址靠近德国汽车工业,与德国本土相比生产成本较低,以及LG在波兰的悠久历史,选定这个厂址并不令人惊讶。

LG化学的工厂自2018年以来一直运营着。瑞典的电池生产商北伏(Northvolt)是唯一一家真正的欧洲电动汽车电池制造商,计划于2021年开始其商业运营。另一家韩国公司,LG化学主要的竞争对手三星SDI(Samsung SDI)在匈牙利建立了一家电动汽车电池生产厂,也从2018年开始运营。但是,三星SDI在匈牙利的发展遭遇了挫折。一个有趣的转折点是欧盟反垄断监管机构开始调查匈牙利政府向三

---

① Flaherty, N., 2017. *EU warns on lack of battery manufacturing in Europe.* [online] eeNewsPower. Available at: < https://www.cenews-power.com/news/eu-warns-lack-battery-manu-facturing-europe > [Accessed 8 April 2021].

② 空中客车公司(Airbus)是欧洲一家飞机制造、研发公司,在2024年《财富》世界500强中位列第183位。——编者注

星 SDI 电池生产设施提供的 1.08 亿欧元计划。据布鲁塞尔的消息，这可能构成了非法的国家援助——政府向有可能破坏欧盟单一市场竞争的公司提供财政援助。根据欧盟的规定，通常不允许国家进行援助，成员国政府只有在获得欧盟委员会批准的情况下才能提供援助。因此，欧盟一方面希望发展电池行业，但另一方面，一旦成员国提出具体的激励措施，鼓励顶级生产商将其技术和对电池组件的需求带到该国，欧盟就会对其展开调查，更别说涉及该国的就业和税收的问题了。

到目前为止，瑞典的北伏已被证明是一个具有巨大潜力的电力电池制造公司。它的联合创始人彼得·卡尔松（Peter Carlsson）的成功，在很大程度上源于他对在欧洲建立电池工厂的执行力而不仅仅停留在这个想法上。他设法为一个大型电力电池项目获得大量资金，在人们对气候变化恐慌的大背景下，大力宣传该项目的美好前景，并设法为其未来生产的电池找到了买家。

卡尔松长时间深入研究高科技产业的供应链。他具备必要的技能和良好的人脉关系，曾担任索尼爱立信（Sony Ericsson）的采购主管、新加坡恩智浦半导体公司（NXP Semiconductors in Singapore）的采购主管，以及特斯拉供应链副总裁的职务。他从德国大众、美国高盛（Goldman Sachs）、瑞典养老基金（Swedish Pension Funds）、与宜家相关的 IMAS 慈善基金会和欧洲投资银行（EIB）等大型投资机构那里为他的动力电池工厂筹集了 3.5 亿欧元的贷款。建造

第二章 全球的主导地位

电池制造厂所需的投入十分昂贵。LG化学在波兰弗罗茨瓦夫的工厂耗资28亿欧元，达到每年70吉瓦时的计划产能。瑞典北伏的产能计划达到32吉瓦时。吉瓦时是一个能量单位，等于10亿瓦特小时。特斯拉颇受市场欢迎的Model 3车型标配40千瓦时的电池。瑞典北伏的年产能为32吉瓦时，这意味着如果该工厂能够最大限度地提高其产量，它应该能够每年生产约640,000辆Model 3车型所需的动力电池。请大家记住这个数字，特斯拉在2019年共卖出367,500辆电动汽车，未来将会带来动力电池产能过剩的问题。如果大家看看全球宣布的所有未来动力电池的产能，那么在未来的十年，我们将进入大约2太瓦时（terawatt-hour）产能的时代了。为了便于大家理解，我们再次以特斯拉的Model 3车型为例，未来十年的产能足以每年为特斯拉的4,000万辆电动汽车配备动力电池。2018年，所有客用车和商用车（包括传统动力和电动驱动）的产量总计约为9,700万辆。但是，在2019年的时候，全球电动汽车销量仅为200万辆左右。这是否意味着全球市场将面临巨大的产能过剩问题呢？那么再建一家动力电池制造工厂是否是明智之举呢？

要回答这个问题，首先我们需要明白，这些建厂的信息只是公告和预测。对于该行业的许多新入行者来说，计划中的工厂可能永远不会实现。如果让我们来看看为数不多的主要电池生产商——LG化学、三星SDI、比亚迪、宁德时代、SK创新（SK Innovation）、松下，也许还有其他几个厂家的公告，它们的产能距离令人担忧的产能过剩的程度相差甚远。成熟的电动汽车制造商不会冒险与未经测试的电池供应商签订合同，因为电池的安全和性能上的风险可能会对其品牌造成致命的打击。想象一下，有哪个著名品牌的汽车会冒险承担电池起火导致的轻微交通事故以及电池爆炸造成的车毁人亡的重大后果呢？此外，电动汽车电池总是与电动汽车制造商密切合作开发产品，因为该技术需要根据特定的电动汽车型号进行调整。所需电池和组件的规格始终是严格保密的。因此，动力电池的发展情况与商品市场的拓展很不同。在商品市场中，行业的买方宣布所需标准化货物的标书，谁出价最低，谁的付款条件最好，谁就能获胜。与戴姆勒的首席执行官所说的情况正相反，动力电池尚未实现"商品化"。

在讨论了欧洲电池行业的发展情况之后，现在让我们来看看仍处于起步阶段的欧洲锂矿行业。欧洲金属（European Metals）是一家勘探捷克矿藏的澳大利亚公司。它的谈判过程，展示了一家拥有技术但没有雄厚资金的私人公司是如何与一家拥有充足资金但不知道如何处理恰好在其境内发现的矿产资源的欧洲政府之间的合作。2012 年，欧洲金属购买了捷克共和国锡诺维克（Cinovec）锂矿的勘探权，计划于 2019 年开始开采，并假定其产能可以达到约 20,000 吨碳酸锂当量。该公司预测需要花费约 3.93 亿美元才能将该锂矿投入运营。锂矿的开采与电池制造业非常相似，是资本高度密集型的行业，属于高风险高回报的行业。锡诺维克锂矿项目预先的可行性研究确定其生产成本为每吨3,483美元。在如今低迷的市场中,一吨电池级碳酸锂可以轻松地达到8千美元的价格。在市场行情好的时候,价格可能会涨到每吨1万美元以上。这意味着每吨毛利润在4,500美元到8,000美元之间。2017年夏天,对于拥有金融和资源行业30年经验的欧洲金属的总裁基思·考夫兰(Keith Coughlan)来说,一切看起来都充满希望。他在接受路透社(Reuters)采访时说:"开采的许可批准程序正在按计划进行,一切都在有序地进行着。"[1] 只剩下几个需要从捷克矿业和环境部获得的许可了。总统的竞选活动将在秋季开始,但政治风险并不是该公司能够合理预期到的影响其业务开展的因素。捷克共和国当时是一个稳定、成熟的民主国家,也是欧盟的成员国。

但是,在2017年的时候,民粹主义的浪潮席卷了欧洲。一年前,英国已经通过公投脱离了欧盟。在捷克共和国的邻国波兰,数千人抗议政府试图获得对司法机构的完全控制。2017年秋季,民粹主义ANO政党(前身是"不满公民行动"组织)的领袖安德烈·巴比什(Andrej Babiš)以压倒性优势赢得捷克议会选举。巴比什是个才华横溢的领导人。他从经营化肥起家,最终发展成为一家大型企业集团的负责人,从化学品到大众传媒行业,他的业务涉及各种

---

[1] Muller, R., 2017. *Miners eye Europe's largest lithium deposit in Czech Republic.* [online] Reuters. com. Availableat: < https://www.reuters.com/article/us-czech-lithium-idUSKBN18Y25x > [Accessed8April2021]

不同的领域,这使他成为捷克共和国第二大富豪。

颇具商业头脑的巴比什可能无法理解为什么他的国家要把开采未来关键能源的权利让给一家澳大利亚的初创企业。他决定采取相应的措施以挽回局面。他在议会上发表了一次极具魅力的演讲,指责他的前任管理者出卖了捷克的国家利益。之后,他设法获得了多党联盟的支持,捷克行政部门得到授意,认定本国与澳大利亚锂公司的合作无效。欧洲金属仍然拥有该资源的合法所有权,因此求助于超国家法院。[①] 但是,其中最有可能的原因是该公司不想在很快被视为"敌占区"的地方进行艰苦的挣扎。与此同时,锂市场变得疲软,融资变得更加紧张。当该公司与捷克政府发生冲突时,投资者们并不愿意支持该公司,因为诸如此类的冲突很少会有好的结果。最终,欧洲金属屈服于各方的压力,与捷克能源集团(CEZ)——一家捷克国有电力公司达成了协议。根据协议条款,欧洲金属获得了一笔贷款,而捷克能源集团保留将贷款转换为股份的权利,从而获得对该公司的控股权。从表面上看,这似乎是一个双赢的局面——欧洲金属在财政困难时筹集到了现金;如果开采项目取得了成功,捷克政府将获得开采的控制权和收益的一部分。然而,捷克锂业传奇的故事还在继续。该锂矿的开采仍处于早期阶段,而捷克能源集团正在制定牵强

---

① 超国家法院(Supranational Court)是指具有跨越国界的司法权力,能够对多个国家或实体做出具有约束力的法律裁决的法院。——编者注

的计划，利用国内锂资源进入储能市场。捷克的例子很好地证明，不仅中国、美国或欧盟，其他国家已经采取了行动，以确保其在新能源领域的利益。

然而，对欧洲来说，开采锂矿和建造电池工厂以创建一个独立的、具有成本效益的电池供应链是否万事俱备，还是这个布局中仍有缺失呢？

锂的问题在于，它需要经过处理才能用于电池。如本章开头所述，中国将来自澳大利亚的锂原材料转化为电池中的锂化合物，才能达到使用目的。然而，与澳大利亚不同的是，欧洲与中国之间的距离相当遥远。一艘船在澳大利亚和中国之间大约需要航行 10 天，而在中国和欧洲之间大约需要航行 30 天。船舶公司运营的成本当中约 60% 的比例与船舶消耗的燃料有关。大型全电动船舶甚至还没有出现在工程师设计的绘图板上。船舶消耗的燃油费用昂贵，而且燃烧还会产生二氧化碳的排放。将欧洲开采的锂矿石运输到亚洲进行加工，然后再运回欧洲电池工厂非常不划算，因为不仅耗时、成本高，而且还会造成严重的污染。因此这绝对不是一个理想的解决方案。欧洲和美国需要建立锂转换和电池组件的设施，以补充新能源供应链布局中缺失的部分，并确保汽车制造商和政治家旨在实现供应链本地化的愿望。这并非轻而易举之事，因为即使对于最有经验的锂业公司来说，从锂矿石中生产出锂化学品也是一项挑战。天齐锂业花费了 3 年的时间，耗资 4 亿美元在澳大利亚的奎纳纳建造了一座加工厂，并使其部分投入运营。

未来可能还需要 12—18 个月的努力，才能达到第一阶段实现 24,000 吨氢氧化锂年产能的目标。

我们在前面的内容中提过特斯拉 Model 3 车型的事例，该车型电动车每辆要消耗大约 55 公斤的氢氧化锂，这意味着天齐锂业奎纳纳加工厂的产能每年足以为大约 43 万辆电动车配备电池——考虑到 2019 年全球售出了约 200 万辆电动汽车的情况，上述 43 万辆电动汽车则代表了一部分的市场份额。基于额定产能几乎从未完全实现的事实，以及假设全球汽车工业走向电动化只是起步，天齐锂业并不止步于此。未来，该公司计划将其产能提高到每年 48,000 吨氢氧化锂，附加成本约为 2.05 亿美元。

一些欧洲锂生产商确实计划在其矿山附近建立锂转化设施，以便将锂矿石转化为氢氧化物。但是，考虑到天齐锂业为此所付出的巨额资金和时间成本，本人认为他们的计划不会很快实现。然而，如果欧洲希望更好地发展独立的供应链，那么欧洲的确需要至少有一个这样的锂转化加工厂。古老的欧洲大陆已经在电动汽车销售数量上超过了美国，仅 2019 年的销量就超过了 27 万辆。

在讨论了欧洲大陆缺失的转化锂矿石原材料的难题之后，我们继续讨论下一个难题——正极材料的生产。多亏了两家欧洲公司——德国的巴斯夫和比利时优美科，欧洲在这方面欠缺并不多。优美科通过其在韩国和中国的工厂，巴斯夫则是通过其与日本户田（Toda）的合资企业以及在美国和日本的工厂，在全球正极材料制造业占据了相当大的比例。大多数电池制造商都集中在韩国、中国和日本。

巴斯夫并没有发明其最畅销的电动汽车的正极材料镍钴锰。美国阿贡国家实验室用不同比例的镍、钴、锰和锂制成了这种革命性的层状晶体结构材料。过去,他们担心自己的发明被强大的亚洲电池制造商抄袭,所以没有考虑申请专利。因此,美国阿贡国家实验室(Argonne National Laboratory)想出了一个巧妙的主意,通过向有能力成功转售许可证的大公司出售许可证,并采取了财务措施,确保其专利在海外得到保护,在市场上人为制造了产品的稀缺性。这一战略导致两家大公司——巴斯夫和户田——成为全球独家授权商。

巴斯夫于2015年与日本户田合作,以提高自身制造能力。户田拥有在氧化铁行业多年的运营经历,在研究纳米级的晶体材料方面有丰富的实践经验。与户田的合作保证了巴斯夫能够进入不断增长的日本电池市场。

与此同时,优美科开始生产并向电池行业销售镍钴锰正极材料。该公司认为他们的镍钴锰配方是独一无二的,不需要巴斯夫的许可。经过短暂的法律纠纷之后,美国国际贸易委员会(International Trade Commission)认定优美科侵犯了专利权,判定无论谁在电池中使用了优美科的正极材料,都属于侵权行为。结果,优美科没有太多的选择,只能购买许可证,从而解决了与巴斯夫和美国阿贡国家实验室的法律纠纷。

到目前为止,两家公司已经忘却了之前的争端,凭借在亚洲开发的经验和制造的工艺,已准备好在欧洲正极市场掀起一场风暴。优美科计划于2021年在波兰尼斯开设镍钴锰正极材料生产基地,该基地可为弗罗茨瓦夫的LG化学工厂进行供货。与此同时,巴斯夫透露,计划在柏林附近的欧洲特斯拉超级工厂附近建立一个生产基地。

对于一些国家来说,缺乏锂资源或没有可观的电动汽车市场并不是进入锂行业的障碍。从长远的发展来看,印度因其军事和经济的规模跻身新兴的全球大国之列。按其GDP的规模来看,它已经是全球第五大经济体,排在德国和英国之间。但凭借其超过13亿的人口,它有望做得更好。

在印度,2019年售出了1,500多辆电动汽车。在该国境内没有发现任何锂矿可以开采。尽管如此,对印度来说,有朝一日能够为其不断增长的人口提供廉价的电动汽车是至关重要的发展目标,特别是考虑到该国需要遏制目前严重的环境污染以及对石油进口的依赖。根据绿色和平组织(Greenpeace)的数据,世界上30个污染最严重的城市中有22个在印度,包括其首都德里。印度也一直是世界第三大石油进口国,仅次于中国和美国,外国石油约占该国需求的85%。印度的大部分进口石油来自政治动荡的地区。在2018年的时候,伊拉克、伊朗和委内瑞拉位居印度原油供应国的前5名。2017年,印度总理纳伦德拉·莫迪(Narendra Modi)提出,到2030年的时候,该国将禁止销售新的传统内燃机汽车。这一目标与丹麦、冰岛等小国的情况一致。这些国家已经在欧洲的电动汽车销售中处于领先的地位。后来,印度对这个过于激进的目标做了更合理的修订,即到2030年,印度销售的新车中有三分之一将是电动汽车。为支持这一转变,印度政府推出了一系列补贴计划和税收减免措施。在政治层面上,印度已经开始将目光投向南美洲,那里是印度历史上利益相关性最小的区域。2019年,印度高层领导人会见了"锂三角"(Lithium Triangle)三个国家(阿根廷、玻利维亚和智利)的代表。这是印度国家领导人历史上首次访问玻利维亚。

印度政府已指示三家国有矿产公司——国家铝业(National Aluminium)、印度斯坦铜业公司(Hindustan Copper)和矿产勘探公司(Mineral Exploration Corp.)共同努力,要用特殊方式收购海外锂和钴资源。在印度政界人士看来,印度电力革命需要克服的主要障碍不是缺少电池制造厂。因为这些电池制造厂甚至可以授权国内公司建造。拥有塔塔(TATA)等强大品牌的当地汽车行业,未来很有可能为印度中产阶级生产负担得起的电动汽车。但是,天然的锂资源本身不可能凭空产生,它是地下储藏的资源,这就是印度将目光转向南美"锂三角"的主要原因,全球8,000万吨锂资源,这三个国家拥有4,700万吨。我们将在下一章中讲述南美这三国的情况,包括该地区地下大量新能源的储藏状况、苦难的近代发展史、外国势力的影响和当地势力在决定地区未来发展方面发挥的作用。

第三章
"锂三角"

　　阿塔卡马盐沼是地球上最不适合居住的地方之一。那里常年干旱,年平均降雨量在 2 毫米以下。即使是撒哈拉沙漠,多雨年份也有高达 100 毫米降雨量的纪录。写这本书时,我在伦敦,伴随着小号演奏的爵士乐曲调,雨滴正在敲打着窗户。伦敦一年中大约有 106 天在下雨,平均年降水量约为 583 毫米。

　　位于阿塔卡马盐沼的锂资源被安第斯山脉严密守护。西侧是多梅伊科山脉,这条山脉以我的波兰同胞的名字命名①,他为绘制智利矿产资源地图做出了不小的贡献。

　　这个地方崎岖不平,荒凉至极,但是却有一种超凡脱俗之美——日落前的地貌和色彩斑斓的天空交相呼应,让

---

① Cordillera Domeyko(多梅伊科山脉)得名于波兰地质学家 Ignacy Domeyko(伊格纳茨·多梅伊科),Cordillera 是西班牙语"山脉"的意思。——编者注

第三章 "锂三角"

人感觉仿佛置身于另一个星球的表面。这片不宜人居的土地是一种颜色独特的鸟类的家园,它们就是粉红色的火烈鸟。火烈鸟适应了盐沼的生活,并在这里繁衍生息。这种鸟巧妙地从盐沼下面获取富含类胡萝卜素的藻类和盐水虾,这些食物使它们长出与众不同的颜色。

这一章的主角非常独特,就像粉红色的火烈鸟一样。他是一位充满争议,又颇具影响力的人物。尽管他是智利已故独裁者的前女婿,但他从未将自己视为国家管理机制的一部分。他身陷各种丑闻和指控,从操纵股票到创建复杂的海外机构(这让人想起巴拿马文件中描述的那种离岸避税的人物),再到通过资助竞选活动来影响该国的政治格局。他就是智利在锂市场上取得成功的领军人物——胡利奥·庞塞·勒鲁。他身材修长,表情活泼,他的形象符合他多年来在智利商界和政界巧妙扮演的角色。几十年来,智利的锂业深受他的影响。他的人生故事与该国近年来政治和经济的发展史紧密相连。

胡利奥出生在一个中产阶级的医生家庭。正是由于他的家庭财富与奥古斯托·皮诺切特将军的身家不相上下,门当户对,他才遇到了他未来的妻子。用他自己的话说,他与岳父的关系和友谊甚至超越了多年后解体的婚姻关系,那是他一生中最"昂贵"的关系[①],使他付出了沉重的精神

---

① Cofré, V., 2019. *Ponce Lerou. Pinochet—el litio—las Cascadas—las platas políticas*. Santiago, Chile: Editorial Catalonia (Kindle edition).

代价。胡利奥从未认为他的成功是裙带关系的产物，尽管他在国有企业和机构中担任过许多职务。无人知晓他的这种信念里带有多少虚幻的色彩，又有多少现实的因素，或许不过是一个性格强势的人希望"白手起家"的愿望罢了。

长期以来，木材和木浆一直处于智利最大的出口产品之列，并将继续与金属、鱼类、水果和化工产品一起成为该国出口的支柱产品。因此，雄心勃勃又年轻有为的胡利奥毕业后成为一名森林工程师也就不足为奇了。他在巴拿马发展林业业务，并取得了第一次商业上的成功，赚取了第一笔可观的硬通货。除了固定的工资收入以外，他还能赚取佣金。皮诺切特将军夺取权力的日子里，胡利奥还在巴拿马工作。在推特出现之前的时代，可以说，他对圣地亚哥街头发生的诸多事情一无所知。因为岳父是一名高级将领，所以庞塞很担心皮诺切特在政变中的个人安危。实际上，他完全不知道是他的岳父在领导这场政变。

一些历史背景的介绍是很有必要的，可以帮助读者全面了解智利及其锂业发展的社会经济现状。多年的独裁统治给智利的近代史和民族心态留下了创伤，那个时代的当局对任何形式的异议都采取了严厉的措施。尽管皮诺切特的统治在1990年终结，但对那些动荡的岁月和政权留下的余孽的清算还远未结束。

70年代初，智利被认为是拉丁美洲社会稳定的典范。直至社会不满持续发酵，为后来的政权更迭提供有利的社会条件。为了揭示1973年的政变，我们需要介绍三个利益

第三章 "锂三角"

相关方：合法当选的总统萨尔瓦多·阿连德（Salvador Allende）、智利国会和理查德·尼克松（Richard Nixon）总统领导下的美国政府。阿连德是一个极端的左翼分子，事实上，他是第一个在民主国家当选的真正的马克思主义者。他是智利社会党（Chile Socialist Party）的创始人之一，曾多次（1952年、1958年、1964年）参与总统竞选，最终在1970年的选举中以微弱优势获胜。那时，如果总统选举仅以微弱差距获胜，国会必须决定谁将成为总统。在冷战的顶峰时期，智利被美国视为自己的后院，候选人公开自己是马克思主义者是很不明智的。在1970年的选举中，智利国会最终投票的三名候选人中有美国中央情报局最喜欢和最讨厌的人选，不用说，阿连德肯定是后者。现任总统爱德华多·尼卡诺尔·弗雷·蒙塔尔瓦（Eduardo Nicanor Frei Montalva）是关键人物。尽管他并不是自由市场经济的倡导者，但他推出了累进税制改革和智利铜业国有化计划。在拉丁美洲受到军政府困扰的时候，他被美国视为一个安全的人选。由于智利宪法禁止总统连任，美国的想法是先让候选人阿莱桑德里（Allessandri）当选，不久后让他提出辞任，为新的选举让路。如此一来，在新的选举中，蒙塔尔瓦就有望合法获胜。然而，这个精心策划的阴谋并没有得逞，因为阿莱桑德里向国会议员透露了他提前辞任的计划。愤怒之下，国会只好不情愿地投票支持阿连德当选。

在执政的三年里，阿连德开始采取行动。在外交政策分析家看来，这些行动可能会让智利变成一个社会主义国家。美国中情局最大的恐惧开始显现。智利开始大规模地国有化其主要的公司，将医疗和教育系统公有化，从大地主手中夺走土地，开始重新分配土地，并最终邀请菲德尔·卡斯特罗（Fidel Castro）对智利进行高调的国事访问——所有这些都是在"智利社会主义之路"（Chilean Way to Socialism）计划下进行的。但是，美国中情局最担心的局面——拉丁美洲获得成功的社会主义经济模式，邻国受到鼓舞后效仿——并没有实现。相反，通货膨胀变得疯狂，年增率达到140%。百姓，尤其是小企业主，纷纷走上街头进行抗议。智利出现了不稳定的社会经济环境，这为皮诺切特的政变开辟了道路。

菲德尔·卡斯特罗给了阿连德一条建议：与军队保持紧密的关系。但不幸的是，阿连德并没有意识到这一建议的价值，也许当他意识到的时候为时已晚。智利军方创造了一个完全属于他们自己的行事风格。他们大多不关心政治。如果真的关心政治的话，那么基本上属于右翼政治派别。他们一起聚会，一起度假，一直待在军用度假胜地里休闲。军人家庭倾向于通婚，胡利奥·庞塞和维罗妮卡·皮诺切特（Veronica Pinochet）的结合是个例外。最重要的是，军方资金严重短缺，他们对邻国军事委员会接管后的邻国同僚们奢华的生活方式充满羡慕。这种情绪是危险的，只需要合适的土壤和一点火花，就足以引发政变。

这一导火索来自行政和立法机构、政府和国会之间日益扩大的分歧。阿连德政府希望利用社会经济动荡作为巩

第三章 "锂三角"

固其政权的借口，以恢复社会秩序。国会呼吁军方对此表示反对。1973年9月11日，包括皮诺切特在内的军方要员不再接听焦急的总统和国防部部长的电话。很快，这个国家被军方控制，广播局和电视台被关闭。

阿连德和他的贴身保镖一直待在智利简陋的总统府拉莫内达宫。尽管该国经济形势严峻，但他仍然获得了强有力的支持。智利社会出现了前无古人、后无来者的大分裂。阿连德最不希望发生暴力事件，不希望发生内战。他拒绝逃离、拒绝煽动他的支持者，即使在被告知即将遭到轰炸后，他仍留在总统府里。直到最后，他都拒绝做出任何让步，仍然希望依靠他以民主方式赢得的选举赋予他的合法性进行斗争。最后，他选择用一颗子弹结束了自己的生命。据说子弹是从他的AK-47手枪中射出的，那是卡斯特罗送给他的礼物。与此同时，在皮诺切特的统治下，阿塔卡马沙漠——发现锂矿宝藏的地方——到处设置了集中营。军政府统治下的智利频繁发生大规模的处决，不少左翼政治对手失踪。

胡利奥·庞塞是一位天生的企业家。早在十几岁时，在与维罗妮卡恋爱前，他就从当地渔民那里拿到鱼，并将它们卖给了他未来的岳母。他未来的岳父一家定居在瓦尔帕莱索，那里是智利一个美丽的沿海地区，充满了地下温泉和未开发的风景区。当然，该地区肯定也有其粗犷的一面。胡利奥·庞塞曾经说过，作为公共教育系统培养出来的人，他既不怕贫穷也不怕坐牢。① 脚踏实地的中产阶级背景和他在专业性事务上的办事效率，为庞塞与皮诺切特两个家族建立良好关系打下了基础。不同于智利统治阶级中的贵族、实业家和坐拥大量地产的土地主，皮诺切特来自与庞塞家族类似的社交圈。

胡利奥·庞塞只接受过三次完整的媒体采访。有时候，不愿抛头露面反而会给一个有影响力的人带上一种神秘的光环，这种神秘引发了流言蜚语和各种猜测，而这些猜测又进一步加深了他身上的神秘色彩。私下里，胡利奥·庞塞喜欢引用奥斯卡·王尔德（Oscar Wilde）的话"生活中只有一件事比被谈论更糟糕，那就是不被谈论"——据说，这是他常说的一句话。

尽管与岳父关系密切，但庞塞讨厌与岳父交往。公众和媒体称他为"那个女婿"。他是一个非常喜欢社交的人，看起来很悠闲。他不喜欢周围的人在发现他与独裁者的关系后态度上发生的转变。他喜欢开玩笑，鄙视各种头衔和繁文缛节。当他去智利国家林业公司（Chile's National Forest Corporation）工作的时候——该公司通过国有公司网络体系，控制了该国大部分的森林和木材业——他纠正了那些称他为董事长的员工，并告知他们直呼他的名字。与此同时，他仍然非常忠诚于他妻子的家族。80年代后期，皮

---

① Cofré, V., 2019. *Ponce Lerou. Pinochet—el litio—las Cascadas—lasplatas políticas*. Santiago, Chile：EditorialCatalonia（Kindle edition）.

第三章 "锂三角"

诺切特的声望一落千丈。当有人在 SQM 的会议上拿他岳父和妻子开玩笑时,庞塞反驳说,这简直是无聊透顶。

庞塞为皮诺切特政府工作了 3,300 多天,领导了智利国家林业公司和智利生产促进局,后者是另一个重要的智利政府机构,即使在今天该机构仍然控制着智利的锂业。正是他在政府的工作成就了后来的他。

庞塞在林业的私营公司任职期间也取得了成功。他二十多岁时就在智利和巴拿马的私营林业公司担任行政职务。这种情况在今天的企业发展中很难想象,但在当时的拉丁美洲,对于大学优秀的毕业生来说却是完全正常的。就建立行业网络和积累跨行业经验而言,没有什么能与政府职位相媲美。对于庞塞来说,决定进入政府公共部门工作并不是为了挣钱。实际上,接受智利公共部门的职位后,他的收入比在巴拿马少了 90%。但是,年轻有为、富有理想的他也许认为,凭借在国外为私营企业工作时积累的经验,他有能力改革效率低下的国家巨头智利国家林业公司。该公司在社会党执政期间运作的成本极高。他认为自己是一个有使命的人,从小就抱有发展国家战略产业的雄心。

接受这份工作后,他开始裁员。他不仅解雇多余的员工,关闭低效率运转的设施,还撤换所有反对他的经营理念的管理人员,从而巩固了他的权力。庞塞在引领智利林业部门走出国门、走向世界方面发挥了重要的作用。他将智利的木材出口到许多新兴的市场,并不断地吸引外国的投资。

领导智利国家林业公司和后来的智利生产促进局给庞塞带来了巨大的影响力。通过这些机构，他在制糖、化工、石油、电信、林业、矿产和电力等不同领域的国有公司担任了 15 个董事级别的职位。他后来不得不在媒体上解释，澄清他从未从这些职位上得到过任何的经济补偿。他在该机构只领取一份薪水，而这些众多职位是在多年间担任的，并不是同时兼任的。

在深入探讨之前，我们有必要了解一下智利生产促进局（以下简称"CORFO"）的情况。CORFO 是一个非常独特的机构，在任何其他新兴的市场中，你都找不到具有类似特征的机构。它成立于 1939 年，旨在改变智利的经济格局。在石油和天然气、化工和电信等战略领域中，该国大多数巨头公司都是由 CORFO 始创的。在皮诺切特政权末期，私有化计划起步之前，该机构多年来一直持有这些公司的股份。CORFO 在智利工业化过程中发挥了巨大作用，帮助智利从一个贫穷的国家发展成为经济合作与发展组织的一员。即使是现在，CORFO 通过运营新兴市场最大的风险投资基金之一，投资于科技公司，并为中小型企业提供大量贷款担保以促进其增长。该组织在推动经济发展方面发挥着重要的作用。

庞塞从 1974 年，也就是皮诺切特掌权后的第一年，开始领导智利国家林业公司。从 1979 年开始领导 CORFO，直到 1983 年因腐败的指控而离职。不久之后，庞塞进入了农业和林业行业。他利用自己在 CORFO 的关系网和对该机构业务信息的熟悉度,为他的新公司获得了贷款以购买牲畜。在他的企业破产后,那笔贷款只偿还了一小部分。

与此同时,庞塞因为生意的失败而失去了健康,并经历了严重的精神崩溃。本书叙述的核心内容主要发生在他担任 SQM 董事时期,他在很长一段时间内担任这一职务。从 1987 年到 2015 年,他经历了国家的政权更迭和 SQM 在锂业领域的发展,但最终因另一宗绯闻而被迫辞职。多年来,庞塞不仅成功地领导了锂业最大的生产商之一 SQM,而且在其私有化后成了该公司的最大股东。智利在 20 世纪 80 年代末经历了一波私有化的浪潮。当时盛行的想法是将国有企业转变为私营企业,大部分股份由少数股东持有,由他们来掌控公司自己的劳动者及其养老基金。

后来发生的事情与俄罗斯经历的过程类似,在较小程度上,也与东欧的变革有所相似。拥有股份的劳动者要么受到激励,要么被迫将股份以低于公允价值的价格出售给真正拥有其所有权的个人或组织。在俄罗斯,劳动者放弃可兑换苏联主要工业企业股份的代金券,以换取几瓶伏特加,或者换取他们在严重通货膨胀中可以拿到的任何数额的现金,这种令人不安的情形在当时相当普遍。智利社会更多地接触到了资本主义的内部运作机制,对股票的真实价值不是那么无知,但仅少数人通过私有化获得巨额财富的机制最终导致智利与俄罗斯的情况非常相似。

庞塞通过一系列设立在税收宽松地区的境外公司,掌控了 SQM。那些公司大多注册在避税天堂,其中一家公司持有另一家公司，以掩盖真实的所有权结构。通过贷款和外部投资者的资金，他以较少的资本获得了更大的控制权。最终，这些连锁公司的实际所有者通常是信托公司。

"信托"是一个有趣的概念，它可以追溯到中世纪的英格兰。当时，前往十字军东征的骑士需要一个法律机制，允许指定的管理人（受托人）在他们离开或去世后管理他们的财富和财产，确保家人能够从中受益。如今，富有的个人通过将股票、房地产和游艇等不同资产的所有权转让给信托公司来行使法律程序。信托公司由律师管理，律师有义务严格按照设立信托的文件中规定的指导方针对信托进行管理，并使信托指定的受益人受益。受益人可以是最初将财富转移给信托公司的人，但从法律的角度来看，财富不再是他的。财富属于信托公司，他只是财富的受益人。因此，在离婚或诉讼的情况下，受益人的资产是安全的，不受法律的管辖。胡利奥·庞塞在SQM的所有权源于在英属维尔京群岛注册的太平洋信托。太平洋信托产生了一系列的境外实体，庞塞由此获得了SQM股份的所有权。

这是一个特别错综复杂的结构，跨越不同的实体和法律管辖范围。如果不是因为智利证券与保险监管局（SVS）的调查，这种运作方式本可以逃避公众的监督。2013年，庞塞被指控进行非法股票操控，导致少数散户投资者和智利养老基金股东遭受损失。这一复杂结构中的一些实体，如，大卫杜夫（Oro Blanco）和智利硝酸盐公司（Nitratos de

第三章 "锂三角"

Chile）是在智利证券交易所上市的正规公司，每个人都可以投资。这些上市公司之间的交易在如此短的时间内达成，并且没有任何商业性的理由，这使得那些不知所措的少数股东没有足够的时间做出相应的反应。也就是说，股票在股票市场上出售，然后以更高的价格买回——对那些低买高卖的公司有利。其中造成的危害是显而易见的：如果你作为少数股东投资于高价买回股票的公司的话，那么你的投资就亏损了。上市公司每一位董事的职责都应该为公司创造收益，进而使股东盈利。这是他们的法定职责。然而，上述阴谋背后的决策者是为了中饱私囊，而不是为了让公司的股东盈利。庞塞受到了高达7,000万美元的罚款处罚，因为他个人赚得盆满钵满，却牺牲其他股东的利益，在一系列控股公司中操控SQM。

违禁股票操纵案还揭示了庞塞与智利政坛的联系。塞瓦斯蒂安·皮涅拉曾在2010—2014年间担任智利的总统，之后输给了米歇尔·巴切莱特，但又在2018年重返总统府，他的新一任期将持续到2022年。他的权力不仅来自政界，也来自他个人和家族的财富。他的父亲是智利驻联合国大使，因此他在比利时和纽约长大。他在奇洛埃岛的南端拥有一个自然保护区，连同其他资产，总价值达到28亿美元，仅比2020年3月特朗普的个人预估财富少3亿美元。他是智利权力圈中盛行的贵族世家血统的代表性人物，但是，庞塞从未认同过这一点。他毕业于哈佛大学，是继皮诺切特之后首位通过选举胜出的右翼总统。几十年来，他和巴切莱特主宰着智利的政治舞台。

1998年的时候,皮涅拉反对在伦敦逮捕和拘留奥古斯托·皮诺切特。但这并不意味着他和庞塞是朋友,至少今后肯定不是。在智利证券与保险监管局的调查过程中,庞塞公开表示:"如果总统阁下没有参与违禁股票操纵案,就不会有此案。"① 这一声明在媒体上疯传。事实上,这并不是皮涅拉第一次被指控蓄意操纵股票。2007年7月,皮涅拉被智利证券与保险监管局罚款约70万美元,原因是他在2006年年中购买了智利国家航空(LAN Airlines)的股票,当时他是该公司的董事,并掌握了公司的特权信息。

同时,SQM在2008—2015年间因非法向政党输送资金,而受到罚款。有记录显示该公司向与政客有关的实体支付了咨询费,但却从未接受过任何专业性的咨询服务。众所周知,SQM这家锂生产商为智利的政界,无论是左翼还是右翼,源源不断地提供过政治资金。这些政治捐款中的大部分都是完全合法的。但是,这些与政治和非典型性所有权结构的联系使SQM成为锂业中一个不寻常的经营者。

锂不太可能在短期内成为智利最重要的金属。按价值

---

① Aravena, L., 2014. *J. Ponce*:"*Si su excelencia el Presidente no hubiera participado en las cascadas, no habría caso cascadas*". [online] La Tercera. Available at: < https://www.latercera.com/noticia/j-ponce-si-su-excelencia-el-presidente-no-hubicra-participado-en-las-cascadas-no-habria-caso-cascadas/ > [Accessed 10 April 2021].

第三章 "锂三角"

计算，铜的出口往往占智利总出口的50%左右，这一比例会随全球铜价的波动而变化。智利2018年的锂出口金额达到了9.49亿美元，约占其出口总值的1.25%。然而，锂吸引了媒体关注，激发了民众的想象。按今天的市场价格来计算的话，智利约900万吨锂的价值约为5,260亿美元。2018年，智利的出口总价值约为755亿美元，沙特阿拉伯的出口价值约为2,945亿美元，其中约80%是石油的出口。只有当我们把这些数字联系起来考虑时，才能直观地发现数据的意义。当财富矿业（Wealth Minerals）公司的首席执行官蒂姆·麦卡琴（Tim McCutcheon）说"智利本质上就是'锂矿界的沙特阿拉伯'"时，他可能会让所有投资者都兴奋不已。[1] 数字往往不会激起人们的兴奋之情，但是它们通常比那些博人眼球的话语更擅长描述事实。即使把智利地下所有的锂资源都卖掉，智利的收入仍然低于沙特阿拉伯三年的石油出口额。智利很可能是锂矿界的沙特阿拉伯，但智利永远不会是真正的沙特阿拉伯。类比可知，锂资源有可能让智利变得更加富有，但仅靠锂资源并不能让智利变得像沙特阿拉伯一样富有。

本章一开始提及的阿塔卡马盐沼是世界上最重要的锂矿。以重量百分比（wt%）表示的锂浓度为0.15，这里是

---

[1] Trendeconomy. com. n. d. *Saudi Arabia |Imports and Exports| World |ALL COMMODITIES| Value (US $) and Value Growth*, YoY (%) |2008－2019. [online] Available at: < https://trendeconomy.com/data/h2/SaudiArabia/TOTAl > [Accessed 10 April 2021].

世界卤水资源中锂浓度最高的矿区。这意味着每 1 千克卤水中含有 1.5 克锂。几乎可以这样讲，在世界其他任何地方，卤水资源中锂的含量都较低：玻利维亚的卤水平均锂含量为 0.045 wt%，中国的卤水平均锂含量为 0.03—0.1 wt%。阿塔卡马盐沼也是海拔最高的盐沼之一。其极低的降水量和强烈的日照使得蒸发过程顺利进行，这是从盐中提取锂的关键步骤。这些优越的环境因素是提取锂元素无与伦比的条件，是大自然对智利的天然馈赠，能够让该地区全年低成本生产锂，每吨成品的售价约为 2,500 美元。

读者可能会关心下面的问题：庞塞和他的团队为 SQM 在锂市场上的成功经营做出的贡献是什么？如果一个国家拥有世界上最大的锂资源储量，到底是什么问题阻碍它的锂业发展呢？我并不认为庞塞轻而易举地获得了成功。玻利维亚无疑拥有世界上最大的锂资源储量。然而，该国付出了许多年的努力才实现锂的商业化。正如我要在下一章中所说的那样，玻利维亚的努力之所以没有成功，不是因为缺乏资金，而是缺乏人才和管理技能。即便是庞塞在国内最严厉的批评者也承认庞塞应该得到赞扬，因为他进入了一个几乎没有人预见到会以如此规模扩张的行业，并将其推向了成功。

锂仍然只是 SQM 的众多业务之一，但是，它是引发全球投资者兴趣的主要业务。投资者将预期的公司业绩与锂市场的发展形势联系在一起。2018 年的时候，SQM 锂业务上的业绩占该公司毛利润的 53%；因此，从公司整体数据

第三章 "锂三角"

来看,锂业务取得的业绩还是相当强劲的。

SQM 从一个不起眼的项目开始参与锂提取。该业务源于一次颇具风险的收购。1983 年,智利进行了一次公开的招标,出售阿塔卡马盐沼的矿物开采权。结果,CORFO 将开采 180,100 吨金属锂的权利(乘以 5.323 的转换系数得到碳酸锂当量的值)给了阿塔卡马盐湖矿业公司(Sociedad Minera Salar de Atacama,以下简称 "Minsal")。这是一家由 CORFO、阿马克斯(Amax Inc.)和智利钼金属公司(Molymet)组成的公私合资企业。

如今,智利钼金属公司是世界上最大的钼加工商。由于钼在极端温度下的稳定性,这种金属在不同行业都有应用。阿马克斯尽管拥有辉煌的发展史,但在一些人看来,由于其发展模式过于多元化,该公司在金属行业的影响力大幅下降。

到 1995 年的时候,SQM 完全收购了 Minsal。庞塞写信给股东说,Minsal 拥有世界上最具经济潜力的锂资源的开采权。Minsal 并不是 CORFO 在智利土地上第一个实现锂业务走向商业化的公司。早在 1980 年,皮诺切特仍然掌权的时候,CORFO 就将阿塔卡马盐沼的开采权授予了智利锂公司(Sociedad Chilena del Litio)——这也是一家公私合营企业,是 CORFO 和富特矿业(Foote Minerals)之间的合资企业。富特矿业是稀有矿物的供应商,它的历史可追溯到 1876 年。该公司实体多次变更其所有权,最终由雅宝控制。雅宝是当今最大的锂生产商,也是 SQM 在阿塔卡马盐沼锂开发项目上的唯一竞争对手。

事实上，庞塞之前一定对锂资源进行了广泛的思考。也许他的决定正是在与 CORFO 的前同事交谈的过程中逐渐形成的。这一点我们并不清楚。不过，可以肯定的是，SQM 在 90 年代初参与了玻利维亚重要锂矿乌尤尼盐沼开采权的拍卖活动。一个意想不到的参与者阻碍了庞塞想要开采乌尤尼盐沼的野心，那就是玻利维亚武装部队。他们通过游说取消了与玻利维亚有密切联系的智利公司投标资格，因为该投标涉及授予中标公司一个占地 100 平方千米的区域，距离智利—玻利维亚边境仅 50 千米。

SQM 逐步增加了其在 Minsal 的股份。起初，SQM 被告知，如果他们同意将锂勘探权留给合资企业的另一个投资者食品机械化学公司（以下简称"FMC"），他们可以收购 Minsal 的一部分股份。FMC 是一家美国公司，后来成为氢氧化锂的主要生产商。Minsal 向 SQM 提出替代性方案，让 SQM 拥有硼和钾的勘探权，这一条件显然没有令 SQM 满意，经过闭门谈判后，这一条件被取消了。SQM 有意接管整个 Minsal。为了实现这一目标，它必须买下阿马克斯和智利钼金属公司在该项目中的股份。阿马克斯当时的财务状况并不好。已经从事锂业务多年的 FMC 也看到了阿塔卡马盐沼锂矿的巨大潜力，提出了 700 万美元的报价。SQM 对此类交易的出价在当时的历史背景下是天价——1,200 万美元。在谈判的最后一晚，阿马克斯的一位高管打电话给 FMC，说他将接受 SQM 的报价，原话还有一句"生活

第三章 "锂三角"

不易[①]"。SQM 从智利钼金属公司收购了另外的股份,总共支付了 1,800 万美元,最终获得了 Minsal 81.82% 的股份,确保获得了阿塔卡马盐沼的锂矿。Minsal 其余股份掌握在 CORFO,也就是智利政府部门手中,SQM 对这部分股份则是无能为力的。

虽然 SQM 获得了 Minsal 的控股权,但这并不意味着他们可以在阿塔卡马盐沼为所欲为。1979 年,智利政府宣布锂为"战略矿产",因为它的同位素可用于核聚变反应。尽管核工业目前仅使用极少量的锂,而且美国自 1998 年起停止将锂作为军事工业的战略资源,但智利政府这一法规至今仍然有效。

智利的法律规定,政府对盐沼中的锂拥有全部权利,只是暂时出租给公司开采。在过去的 20 年里,没有一家新公司获得盐沼矿的特许经营权,这使得 SQM 和雅宝成为智利仅有的两家锂生产商。SQM 收购 Minsal 后,被要求与 CORFO 签订 81,920 公顷[②]土地的租赁协议,该协议将于 2030 年底到期。

其他矿产的开采情况则截然不同,一些公司可以获得特许权经营权,从而获得对地下资源的直接所有权。另一个政府机构,智利核能委员会(Chilean Nuclear Energy Commission)通过设定配额,限制公司可以出售的锂的总量。

---

① Cofré, V., 2019. *Ponce Lerou. Pinochet—el litio—las Cascadas—lasplatas políticas*. Santiago, Chile: EditorialCatalonia (Kindle edition).
② 81,920 公顷相当于 819.2 平方千米。——编者注

无论市场条件如何，SQM 都不能销售比该政府机构设定的配额更多的锂。

几十年来，SQM 和 CORFO 之间的关系一直很紧张。这些不断变化的情况当然不利于智利锂业的快速发展。CORFO 前负责人爱德华多·比特兰说道："我认为现在最困难的问题……是与 SQM 之间的大问题，因为该公司一直与智利政坛保持着错综复杂的关系。"① 比特兰认为 SQM 参与智利的政务带来了适得其反的结果。该公司与政府机构 CORFO 之间的长期紧张的关系在 2014 年达到了顶峰，当时 CORFO 就租赁付款的争议启动了仲裁程序。CORFO 声称 SQM 未能全额支付租赁协议中规定的金额。

让外界意外的是，CORFO 并没有将仲裁程序作为从 SQM 获得更多收益的制衡杠杆。事实上，该机构试图切断该国唯一成功的锂生产商的锂资源，并提前结束盐沼矿的租赁协议。CORFO 于 2016 年提起了第二次仲裁程序，这表明该机构不是在开玩笑。自 1993 年以来，SQM 与 CORFO 签订了两份合同：一份是关于盐沼地带的租赁，另一份则是关于锂矿的开采。当 CORFO 意识到与终止租约有关的第一次仲裁并不像他们希望的那样顺利时，他们试图从另一个角度发起攻击，目的是废除双方签订的第二份合同。CORFO 已通知 SQM 盐沼公司（SQM 公司的业务部门），声

---

① BNamericas. com. 2017. *SQM fails to reach agreement with Corfo*. [online] Available at: < https://www. bnamericas. com/en/news/sqm-fails-to-reach-agreement-with-corfo > [Accessed 16 March 2021].

称该公司有多项严重违反合同规定的行为,特别在涉及CORFO所有矿产的保管和完整性的义务方面。CORFO声明:"由于SQM多次严重违反现有合同条款,所以判定该公司不是一个可靠的合作伙伴,这就是(CORFO)要求提前终止开采盐沼合同的原因。"[①]

SQM改变了应对的策略,开始转守为攻,这一次他们主动提起了仲裁。SQM要求仲裁机构确认CORFO声称SQM所欠的款项是否基于所有事实,而非仅限于CORFO此前所选择的任意时期。

这场纠纷在2018年结束,结果是SQM被允许在2030年之前将其产量再增加186万吨碳酸锂当量,并将产能扩大到每年21.6万吨碳酸锂当量。作为交换,SQM同意向CORFO支付1,750万美元以平息仲裁,又向当地社区提供了1,000万—1,500万美元的捐款,还承诺支付高达1,890万美元的研发费用,并将25%的额外产出优先提供给智利的消费者。

最后一项值得关注,因为它关系到智利在围绕锂建立产业集群的同时,提升其价值链的雄心壮志。这背后的关键论点与臭名昭著的"资源诅咒"有关,这是一个悖论,该观点认为与自然资源较少的国家相比,自然资源丰富的国家往往经济增长较慢,民主程度较低,发展成果较差。

[①] BNamericas. com. 2017. *SQM fails to reach agreement with Corfo*. [online] Available at:< https://www. bnamericas. com/en/news/sqm-fails-to-reach-agreement-with-corfo >[Accessed 16 March 2021].

像刚果（金）和安哥拉这样的国家经常被引用为例子来阐述所谓的资源诅咒论。比起这两个国家，尼日利亚是一个富裕得多的经济体，拥有丰富的石油资源，但仍存在着相当多的问题，或许与智利更具可比性。尼日利亚一直是世界十大石油出口国之一，但它却不得不进口本国民用汽车所需的大部分汽油。导致这种情况的原因是尼日利亚境内没有足够的炼油技术，因为这是一项比纯石油开采技术更先进的业务。对于尼日利亚的经济发展来说，这无疑是一个丧失的机会，因为更便宜的燃料将降低其国民的生活成本以及企业的运营成本。进一步说，尼日利亚失去了出口更多附加值和更昂贵商品的机会。

在智利建立更强大的电池和电动汽车工业基地不仅仅在于丰富的锂资源。该国的电力成本也非常低廉，预计到2025年将达到15美元/兆瓦。这主要是由于太阳能在能源供应组合中占有很大的份额。欧洲平均的电力成本要高出智利4倍之多。如果考虑成本因素，上述电力成本的差价差不多可以为伦敦所有优步（Uber）司机支付过渡到电动汽车的费用，对智利司机来说，激励措施应该更为强劲。

智利也是世界上最大的铜生产国。电动汽车使用的铜大约是汽油动力汽车的4倍。此外，未来还需要为电动汽车充电站和相关基础设施提供铜线，以满足电动汽车的增长。铜箔也是每个电池不可或缺的重要组成部分，它不仅用于电动汽车，也用于电子行业的消费品。

然而，对于这一观点还存在另一种不同的声音——这

第三章 "锂三角"

种向价值链上游的攀升是毫无意义的,而且会导致效率低下。它基于现代经济学中最基本、最广为人知的理论之一——大卫·李嘉图(David Ricardo)的比较优势理论(Theory of Comparative Advantage)。这一理论的核心是,地方经济应专注于发展能够低于贸易伙伴的机会成本生产商品和提供服务的产业。这样的话,在一个开放的全球经济中,所有参与者在任何时候都可以通过合作和自主贸易实现互惠互利。较低的机会成本意味着,在选择某项经营活动时,放弃其他选择所导致的损失较小。在全球范围内,智利在锂提取行业具有较强的比较优势。通过投资锂矿,该国几乎没有损失什么其他商机,因为就当前和潜在的未来回报而言,锂矿是智利最具吸引力的投资机会之一。我们应该提出的问题是,智利在电池供应链上的比较优势能延伸到多远?现场锂加工是否也为该国提供了比较优势,还是应该将这一业务留给亚洲锂进口商?同理,要考虑的还有电池组件业务。

那些坚持只开采锂矿的倡导者强调,生产顶级汽车制造商所需的高质量锂化合物是非常困难的。与此同时,他们认为智利在采矿作业方面具有独特的优势。智利通过多年的反复试验,在如何从卤水中提取最高质量的锂方面获得了独特的专业技术。智利的生产商起初一无所有,只有丰富的资源可供利用。智利的工程师不得不从头开始学习如何量化卤水中锂和杂质的含量。在提取过程中避免可能的污染则需要不同的技术。为了从卤水中提取锂,需要施加一定的能量来唤醒在盐沼中处于"休眠"状态的锂元素并使其分层。所需的能量和反应物的数量并非呈线性增长，而是以指数方式接近于可开采锂的目标数量。尽管这是一个能源密集型的生产过程，但在适当的环境范围内，该过程是高度环保的。在干旱和阳光充足的地方，如阿塔卡马盐沼地带，提取锂所需的能量约有70%来自太阳。在不太合适的地方，这一比例可能对环境非常不利。温度的变化幅度也很重要，因为在某些工艺中，温度较低时更容易分离硫酸盐杂质。如果遵循李嘉图比较优势理论的建议，智利独特的环境因素和资源质量的确是支持该国专注于采矿业的明显理由。

即使在阿塔卡马盐沼这样的地方，从卤水中提取锂的效率也只能达到60%左右，因此仍有很大的改进空间。这让人不禁想问，比起建立电池制造厂，难道不该专注于采矿业吗？

生产电池级锂化学品的复杂性被低估了，甚至被一些业内人士严重低估了。如果想从卤水中生产100千克的碳酸锂，需要加工大约15,000千克的卤水。但是如果在100千克的最终产品中掺入1汤匙未净化的卤水，那么所有的前期工作都将化为乌有。微量的杂质也会严重影响商品的销售。上述这个简单的例子是为了说明，电池行业对锂化学物质量的要求是极其严格的。

典型的电池级锂化合物的纯度为99.5%，但从商业需求的角度来看，高纯度并不是最重要的参数。从本质上讲，

第三章 "锂三角"

高质量电池级锂化合物生产的关键技术是对0.5%剩余材料中的杂质进行微调。

此处的0.5%代表5,000ppm，ppm即百万分率（parts per million）。通常情况下，如果你的最终消费者（电池正极材料制造商）在你发来的锂产品中发现超过100ppm的钙、200ppm的硫酸盐，或者比如说，仅有5ppm的铁，那么该客户则会拒绝收货。5ppm是一个非常非常小的数量——它相当于一茶匙量的千分之一，并完全溶解在一升水中。

锂的最终买家们对杂质的成分和含量有不同的要求。这些要求通常是不可协商的，并直接关联到特定正极材料制造商的生产工艺。比方说，一家正极材料制造商会要求你提供最大硼含量为15ppm的碳酸锂，而另一家制造商只允许最大10ppm的硼含量。

锂制造业的拥护者认为，事实上，与我们前面例子中所提及的尼日利亚的情况不同，智利出售的不是一种商品，是一种锂提取物，是一种特种化学品，它具有附加值。在一些人看来，随着电池技术的进步，正极材料制造商会提出愈加严格的质量要求，这种特种化学品将变得更加难以生产。

因此，集中精力提高提取过程的作业效率，并进一步突破质量控制的极限，难道不比试图在日本和韩国等发达国家领先的电池业为智利开拓一席之地更明智吗？每个国家都有可能建立电池制造厂，但却很少有国家拥有优质的锂资源。

2017年4月，CORFO组织了一次招标，旨在吸引经验丰富的大型电池制造商在智利建厂，以换取价格较低的锂供应。当然，该国仅有的两家锂生产商SQM和雅宝肯定会对此感到不悦。国防相关法规将锂归类为制造炸弹所需的原材料，这使得该行业的新进入者几乎为零。因此，这两家私营企业责无旁贷地承担了支持智利电池业发展的责任。由于国际市场对锂的需求不断增长，如果SQM和雅宝想要保持各自的市场份额，那么它们就需要扩大产量。然而，没有智利政府的许可，它们就无法扩大产能。因此，智利政府允许两家公司提高产量，条件是它们要以低于市场的价格将其未来产量的一部分销售给智利的电池行业。这里所谈论的可不是一个小的份额，而是这两家公司未来产量的四分之一。

智利电池生产设施建设的中标企业有：智利钼金属公司，韩国浦项制铁（POSCO）和三星的合资企业，以及中国四川富临运业集团股份有限公司。在中标企业中，只有韩国企业有电池行业的实际运营经验。所有公司的确切计划尚未向公众披露，但都围绕着建设电池组件的生产设施，其中最大的可能性是生产正极材料。三星可能正在考虑建立一个电池组装厂。

到目前为止，三星还没有依据锂的提取地点来建造电池生产厂。相反，它依据动力电池需求的来源，在中国和匈牙利分别建立了工厂，主要服务于德国的汽车行业。

第三章 "锂三角"

巴切莱特政府认为这次招标是成功的,并宣布这三个项目将为智利带来7.54亿美元的投资和至少664个工作岗位,其中许多岗位将是薪酬更高、更具吸引力的工程岗位。智利在"锂三角"的邻国玻利维亚和阿根廷也有建立国内电池供应链的愿景。但在智利,这个目标几乎唾手可得。

可是,没过多久就发生了第一次毁灭性的事件。招标结果公布一年后,韩国浦项制铁决定退出。韩国人辩称,他们的工厂需要的是氢氧化锂,而智利所能提供的只是碳酸锂。雅宝在智利不生产氢氧化锂,但在其他地方可以生产。SQM在智利生产氢氧化锂,但数量有限。有人可能会问,为什么韩国浦项制铁公司事先不了解这种情况呢?他们当然知道这一点,这属于公开性的信息。但是,他们要么寄希望于SQM和雅宝根据市场变化调整其在智利的产品组合,要么根本没有预料到,氢氧化锂取代碳酸锂作为正极材料的转变会发展如此迅速。

在韩国浦项制铁宣布退出之后,其他中标企业要么放弃了在智利的扩张计划,要么没有取得任何的进展。实际上,这些中标企业退出智利的真正原因很难确定,也许是因为缺乏氢氧化锂,也许是因为锂价格的下跌,或者两者兼而有之。你对锂业了解得越多,你就越知晓这是一个对未来发挥巨大作用的行业,也许它未来的作用比现在更重要。这可能就是该行业令人如此兴奋的原因。但是,锂行业有时候会前进一步后退两步。许多资源,特别是时间和资金的投入都被浪费在那些停滞不前、永远不会有结果的项目上。

收购 Minsal 后，SQM 需要立即为其提供资金支持，于是注入了 1.7 亿美元的资金。事实上，SQM 首次在纽约证券交易亮相的原因就是希望为进军锂市场提供充足的资金。CORFO 拥有的少数股权于 1995 年出售给了 SQM，这很符合智利公司转移国家少数股权的大潮流。股权出售以后，双方达成的合同条款略有改动，这让未来接任 CORFO 总裁的管理者们大为恼火。根据新条款的规定，SQM 有权将合同延长至 2030 年之后。由于合同有效期延长，SQM 对自己的处境感到更加安全，因此在接下来的三年里又投资了 2.75 亿美元，在阿塔卡马盐沼地区建造了三个工厂，以便生产氯化钾、硫酸钾、硼酸和碳酸锂。这三个工厂归于 SQM 盐沼公司名下。"Minsal" 这一名称不再使用。

从一开始，SQM 的计划就是成为世界上最具成本效益的生产商。在两年内，它拥有 18,000 吨碳酸锂的产能和约占全球锂市场 30% 的市场份额，并拥有了相当多元化的全球客户群。

在 20 世纪 90 年代末，锂市场的规模很小，全球的需求量约为 20,000 吨碳酸锂当量。锂化合物主要用于陶瓷、玻璃和铝冶炼，占市场 60% 以上的份额。锂的其他主要最终用途是润滑油和润滑脂以及合成橡胶的生产。在那个年代，人们已经就锂在电动汽车行业中新的、令人兴奋的应用进行了讨论。当 SQM 以世界上最低的成本额外生产了 10,000 吨碳酸锂当量，并在市场上进行销售时，最初确实给它的竞争对手带来了恐慌。SQM 看到企业的成功运营，寻求获得扩大产能的许可，希望将租期延长 30 年至 2060 年结束。然而，由于智利政府的更迭，以及由此产生的 CORFO 管理团队的变化，结果导致 SQM 的这些计划被终止。多年来，SQM 和 CORFO 之间的关系几乎没有任何进展。SQM 一直在提供越来越多的现金，用于获得盐沼地区的开采权利、扩大产能和延长租约。

CORFO 并不认为 SQM 的行为符合公平的游戏规则。在 CORFO 机构的代表看来，SQM 的行为很像一个租客试图抢走房东的房子。CORFO 前副总裁爱德华多·比特兰认为，SQM 将阿塔卡马盐沼的水利权注册在公司名下，而事实上该公司只不过是该地区水利权的承租人罢了。据称，SQM 不惜一切想要将租期延长到 2030 年以后。从 SQM 的角度来看，这是完全可以理解的，因为该公司在开发盐沼方面投入了巨额资金。但这些行为激怒了 CORFO。CORFO 认为 2030 年将进行新一轮的招标，出价最高的公司将获得开采盐沼的租约。SQM 通过在阿塔卡马盐沼地区的标记和冠名，巧妙地将其公司名称取代了 CORFO 的名称，使 CORFO 招标的提议对其他未来的投标人都失去了吸引力，从而使竞争环境向有利于 SQM 公司的方向发展。

在这个盐沼开采的纠纷中，外国人可能忽略了整个事件所附带的情感因素。SQM 是一家部分由智利前独裁者皮诺切特的女婿拥有的公司，该公司被指控违反了与智利监管机构签订的协议。据称该公司的行为几乎没有考虑到盐沼地区的生态系统。不仅如此，据称该公司为了达到目的，不择手段，其中包括采取针对监管机构工作人员的"旋转门"策略①，通过将租约延长到2060年，来确保盐沼中的锂资源有效地成为自己的囊中之物。在 CORFO 与 SQM 的法律纠纷期间，拉斐尔·吉尔萨斯蒂（Rafael Guilisasti）是 CORFO 的董事会成员，不久后被任命为潘帕集团（Pampa Calichera）的总裁，该集团由庞塞控股。原因是他在 CORFO 担任过高管，所以他应该非常熟悉 CORFO 与 SQM 的谈判策略。

  对于智利以外的人来说，SQM 和 CORFO 之间的宿怨似乎很愚蠢。为了国家的利益，智利政府机构难道不应该更好地支持其世界领先的锂业公司吗？令人惊讶的是，多年来，SQM 一直向 CORFO 支付特许权使用费——相当于海运货物价值的 6.8%。而阿塔卡马盐沼的美国竞争对手罗克伍德公司（Rockwood）在 2015 年被雅宝收购，这家公司没有支付过任何特许权使用费。理由是多年来 CORFO 在罗克伍德公司的运营中拥有股份。然而，就像 CORFO 在 Minsal 的股份一样，罗克伍德的股份是在锂业不景气的时候出售的。

  近年来，雅宝和 SQM 一直面临着阶梯式特许权使用费制度的挑战。这一先决条件，再加上智利政府为智利的电

---

① "旋转门"策略通常指政府与私人行业之间频繁的人事流动，尤其是政府与私人公司的人员互相跳槽。这种做法往往作为一种策略，通过利用政府职位的权力、信息或资源为私人企业谋取利益，或反过来通过私人企业的影响力影响政府决策。——编者注

第三章 "锂三角"

池行业分配的更便宜的锂资源,这些前提都可能使这两家公司进一步扩大产能。在新制度下,当价格低于每吨4,000美元时,特许权使用费为6.8%;当价格在每吨5,000—6,000美元之间时,特许权使用费升至10%;当价格在每吨7,000—10,000美元之间时,特许权使用费升至25%;当每吨价格高于10,000美元时,特许权使用费可达40%。对阶梯式特许权使用费制度持批评态度的人认为,在这样的税率下,智利将不再是成本最低的生产国了。CORFO则不同意上述观点。他们将世界各地的矿区使用费制度与阿塔卡马盐沼区业务的成本结构进行了比较,得出的结论是:人们需要关注的不是锂的平均生产成本,而是边际生产成本,即多生产1吨碳酸锂所带来的总生产成本上的变化。另有争论如下:SQM已经在抽取大量的卤水,以便从盐沼中提取钾。该公司可以提取更多的锂,但它却没有这么做。其原因要么是这样会超过智利政府设定的年度锂配额,要么是市场没有足够的锂需求量。因此,SQM需要承担将未提取的锂抽回盐沼的成本,以免随着时间的推移耗尽资源。据估计,SQM每年抽出的碳酸锂当量约有50万吨,该数据已经超过了世界目前的消费量,因此必须将其中大部分锂直接抽回盐沼。爱德华多·比特兰认为,将锂抽回并重新注入盐沼中的成本被视为沉没成本时,生产锂的边际成本低于2,000美元/吨。从这个角度来看,SQM在阿塔卡马盐沼的业务是世界上成本最低的运作。然而,这种边际成本计算法并不适用于雅宝,因为雅宝提取的锂是直接产品,而不是生产钾的副产品。

雅宝业务所涉及的方方面面太复杂，因为它在智利以外有更多的设施。我们在这里还是着重分析SQM的情况吧。首先，当锂价格较低时，该公司实际上可能更有利可图；其次，近年来，10,000美元/吨的价格一直在优质电池级产品的可持续价格的范围之内。在相对较低的价格水平上，没有理由将累进式特许权使用的费率定得如此之高。这两家公司之所以未能向潜在的国内电池制造商提供廉价的氢氧化锂，可能正是因为目前的阶梯式特许权使用费的设定方式。从历史上看，大多数情况下，氢氧化锂都有很高的附加费。因此，这两家公司不仅要放弃国内25%的廉价氢氧化锂的生产份额（这部分以低于市场的价格出售给智利的电池业），而且其余出口产品也将面临压垮性的高达40%的特许权使用费税。

CORFO应该清楚地意识到，它与SQM长年的纷争正在给智利经济的发展制造人为的瓶颈。但是，考虑到前独裁者的女婿对SQM的所有权和实际的掌控，以及社会对该公司牵扯的过去的政治问题和未来的环境问题的敏感性，CORFO必须谨慎行事。CORFO经常把与雅宝在类似问题上的谈判情况作为衡量标准，以确保能够公平公正地应对两家公司。

SQM于1997年开始生产碳酸锂，直到2005年才开始生产氢氧化锂（氢氧化锂的供应不足是电池组件制造商退出的原因）。正是电池行业的发展给SQM带来了变革和创新的压力，现实情况要求该公司制定越来越严格的质量规范。刚开始的时候，镍镉电池风靡一时，它们主要用于笔记本电脑和手机等电子设备上。不久，镍镉电池很快被锂离子电池所取代。镍镉电池单元的主要问题是"记忆效应"：如果每次使用后没有完全充满电的话，它们可能只会充电到最后一次的最高电量。这在日常生活中并不太实用，当我们给手机充电时，通常是在忙碌之中进行的，只是为了在离开家或办公室之前多充10%的电。此外，锂离子电池在存储相同能量的情况下，所需的空间更小。

尽管SQM非常成功地进入了锂市场，但该公司在阿塔卡马盐沼项目的主要收入并不来源于锂业务。最初锂充其量被视为氯化钾生产过程中利润丰厚的副产品，当时氯化钾在全球市场上的价格处于历史性高位。当锂客户的情况发生变化时，SQM的业务也开始发生变化。此前，SQM产品的客户主要是工业买家，他们对数量更感兴趣，而不是严格的规格要求。之后，电池制造商渐渐出现，他们的情况各不相同，需要非常具体地加以分析，最初的需求量很小。但电池行业的需求量增长得很快。据报道，SQM甚至开始将锂空运至有需要的客户那里，以免延误他们的生产。锂与其他特种化学品和商品一样，通常以海运集装箱的方式运输，每个集装箱可容纳约20吨锂。货轮从安托法加斯塔、梅希约内斯和伊基克的港口码头出发，最多需要48天的时间才能将集装箱运到上海，而空运只需要1天的时间，但空运费要比海运费高得多。

阿根廷是"锂三角"之一，拥有世界第二大锂资源的储藏量，估计约为1,700万吨。阿根廷的自然资源量几乎是智利的2倍，但在2019年的时候，阿根廷锂的开采量只有智利的三分之一，也落后于中国国内锂的产量。目前，阿根廷与智利的情况非常类似，只有两家以盐沼为生产基地的公司，一家属于力文特（Livent），位于翁布雷穆埃尔托盐湖；另一家位于奥拉罗斯盐沼，由奥若可博公司（Orocobre）经营。

与智利和玻利维亚不同，阿根廷的特点是可开采的盐沼种类繁多，彼此之间差异极大。展望未来，这可能有助于当地锂业的发展，因为多个锂盐沼矿的来源可以降低交货不及时的风险，提高新项目的成功率。与其他两个国家的不同之处在于阿根廷拥有大量的新的采矿项目，目前约有40个，它们分布在多个不同的运营商之间，采用多种不同的作业流程和开采方法。

在尝试开发一个新项目的时候，尤其是盐沼开采项目，照抄照搬其他地方的开采方式是最不可取的。因为每个盐沼和它所处的具体的气候条件都是独一无二的，所以必须对开采流程的设计方案加以调整，并充分考虑具体的因素。例如，不同的卤水中存在不同的特定元素的杂质。"锂三角"的盐沼也有不同的天气条件和小气候：有时在较大的盐沼的南部可能会下雨，而在其北部则阳光明媚。明智的锂开采商会在采矿作业或工艺设计之前，先在他们开采项目的地段上设立气象站，以便收集该位置精确的气象数据。

第三章 "锂三角"

一个盐沼的输出量可以是稳定的，但其反应物的输入量是可变的，这取决于天气条件。当盐沼的蒸发率较高时，需要较高的输入量，而在相反的情况下，则需要较低的输入量。开采者需要事先了解特定地点的天气状况，以便能够制定适当的计划。这不仅仅与盐池的大小或所要开采的数量有关，还需要根据天气的情况来做开采的计划。如果沉淀率较高，则需要输入较大体积的反应物。

从细节来看，生产客户定制的锂化合物是极其复杂和具有挑战性的过程，但从总体来看，它又是非常简单的流程。首先，含锂卤水需要被浓缩，这一过程通过在一系列盐池中进行太阳蒸发来实现。蒸发过程产生中间产物氯化锂，向其加入苏打灰可以获得碳酸锂。到这里生产碳酸锂的整个过程就结束了。如果想最终得到氢氧化锂，则需要在碳酸锂中进一步添加石灰。但将反应物（如苏打灰或石灰）运送到偏远的锂矿加工厂的物流工作并不容易，而且运送量很大。反应物有时需要从"锂三角"以外的地方进口，并以美元支付，这也给阿根廷带来了一系列的问题。

阿根廷这个南美国家有很多闻名于世的人和物：豪尔赫·路易斯·博尔赫斯（Jorge Luis Borges）、美味的牛排、探戈舞。该国对金融危机的抵抗力较弱，自1816年独立以来，阿根廷已经发生了8次主权债务违约事件，最近一次是在2014年。需要明确的是，违约意味着政府拒绝偿还债务。政府债券（国债券）通常被认为是最安全的投资之一，因此其回报率通常较低。世界上大多数国家从未发生过国债违约的事件，因此可以说，在世界舞台上，阿根廷国债违约的历史记录在全球舞台上格外引人注目。自 2014 年以来，尽管人们希望阿根廷的情况能够有所改变，然而事与愿违，该国的情况并没有出现任何真正的改善。

当毛里西奥·马克里（Mauricio Macri）在 2015 年赢得总统选举，从那位放任金融违约的克里斯蒂娜·费尔南德斯·基什内尔（Cristina Fernández de Kirchner）手中接过总统的权柄时，他成了华尔街的宠儿。首先，他是多年来第一位非激进、非庇隆主义的总统。庇隆主义作为一种政治运动，在阿根廷的政治舞台上发挥过并将继续发挥巨大的作用。这一主义是由胡安·庇隆（Juan Perón）和艾薇塔·庇隆（Evita Perón）开创的政治运动，通过音乐剧《艾薇塔》（Evita）和同名电影得到了广泛宣传。然而，庇隆主义者并不一定受到采矿业的热烈欢迎。

庇隆主义者内斯托尔·基什内尔（Néstor Kirchner）和他的妻子克里斯蒂娜·费尔南德斯·基什内尔都曾担任过阿根廷总统，两人任期相继从 2003 年持续到 2015 年。他们执政的特点是实施货币管制，人为地维持比索对美元的强势，以及实施慷慨的政府补贴和社会支出政策。在 2001 年发生国债违约之后，庇隆主义者确实设法刺激了本国的经济，后来又制造了阿根廷经济形势比实际情况更好的假象。然而，这些做法直接导致了 2014 年阿根廷的又一次国债违约。

新任总统马克里为阿根廷制定了一个不同的发展计划。

在他执政的早期,他取消了货币管制,开始实施一项有关债务重组和削减政府开支的计划,金融市场对此反应热烈。马克里的计划是将外国投资引入阿根廷,进行支持资本主义和自由市场的改革,在此之前,阿根廷经历了多年的左翼孤立时期,在此期间,阿根廷几乎被外国投资者视为不可触及的国家。将外国锂业公司引入阿根廷是马克里宏大计划的自然选择。

政府态度上的转变和本国丰富的锂资源激励了小型锂业经营者。此外,在马克里执政期间,他取消了对利润出境的限制和对矿业出口收入征收的5%—10%的重税,以及对采矿设备和零部件进口的限制。劳动力市场也解除了管制,这为预算紧张的小型锂业公司利用灵活的雇佣政策开辟了道路。

阿根廷实行联邦制,各省拥有独立的法律体系。因此,每个省也都有自己的采矿监管制度体系。各省的发展很大程度上也取决于省长和矿业部长的决策。从锂业发展机会的视角来看,三个最重要的省份是萨尔塔省、卡塔马卡省和胡胡伊省。这三个省的省长以大力支持锂业的发展而出名,因为锂业的发展为地方带来了就业机会和财政收入。尽管该国首都发生了政治变迁,但令人惊讶的是州长们往往会在他们的职位上任期很长,这或许表明他们的工作业绩还不错。从 2007 年到 2019 年 12 月,胡安·曼努埃尔·乌尔图贝(Juan Manuel Urtubey)担任萨尔塔省的省长长达12 年之久,露西亚·科尔帕奇(Lucía Corpacci)自 2009 年以来一直担任卡塔马卡省的省长。尽管他们都属于民粹的正义党（Partido Justicialista）（前身为庇隆主义党），可他们支持工业，这种情况确实不多见。为了凸显省长一职的重要性，特斯拉高管来阿根廷出差时，特意与萨尔塔省省长进行了会晤。

阿根廷锂业的迅速发展在很大程度上也取决于政府在另一条战线上的表现。阿根廷与铜储量丰富的邻国智利不同，它此前不是一个矿业国家。缺乏采矿的传统反倒变成了十分有利的因素，比如说，阿根廷不必沿袭任何烦琐、过时的法律条文，可以自由地创建适合新时代的法律框架，这必然有利于锂业的发展和环境的保护。当然，也存在一些不利的因素，主要是基础设施的缺乏，以及国家在支持阿根廷矿业方面所扮演角色的不确定性。

为了矿业的腾飞发展，地处偏远地区的矿山需要以满意的价格获得天然气、电力、水和铁路运输服务。矿山需要直接连接到港口，最好是通过铁路运输的方式（因为铁路通常是比卡车更便宜的运输方式），这样就可以从矿山直接将产品运往世界各地。这是一种双向互利的发展：采矿业需要基础设施才能繁荣，同时也会大力促进基础设施的发展。在成功的采矿项目中，采矿业所建造的基础设施随后也可以被其他经济部门的产业所使用。

在马克里总统任期的中期，他的支持率开始下降。在他的前任庇隆主义者执政时，对电力部门的巨额补贴意味着布宜诺斯艾利斯每月的电费低得可能只有一包香烟的价格。然而，马克里在他质朴的演讲中鼓励同胞们把家里的暖气调低，再穿上更暖和的衣服以应对阿根廷寒冷的冬天。那时候，阿根廷人已经习惯了国家的财政困难。阿根廷中产阶级很少信任本国的银行或货币。他们更愿意在家里存放美元，而更富裕或更有理财头脑的公民则把钱存在海外的银行账户里。这意味着他们对本国的局势深感厌恶。他们很清楚，马克里当选以后，一定会采取紧缩的财政措施。但是，只要这些措施能给经济带来改善，他们就会拥护这些措施。但是，通胀仍然非常高，2017年的通胀率超过了20%，2018年超过了30%，2019年超过了50%。为了拯救阿根廷的货币比索，马克里从国际货币基金组织（International Monetary Fund）那里借了500亿美元的贷款。经济状况对大多数阿根廷人来说已经足够难熬了。在马克里的领导下，日常生活变得更加艰难。与此同时，他的紧缩模式未能给经济带来预期的改善，反而让经济进一步陷入负债之中。在2019年的初选中，令华尔街惊讶的是，马克里只获得了32.1%的选票，而阿尔韦托·费尔南德斯（Alberto Fernández，庇隆主义者）却获得了47.7%的选票。市场立即对此做出了反应，人们纷纷抛售阿根廷的资产，其结果只会导致比索进一步下跌。

外国投资者很了解庇隆主义者倡导的工业国有化和货币管制，这些方法阻碍了投资资本的回流，增加了做生意的成本，因此他们开始从这个国家撤出投资。在2019年费尔南德斯赢得选举时，该国出现了最糟糕的经济状况。形势之所以变得如此严峻是因为支持自由市场经济的马克里在离任前重新实施了货币管制政策。不出人们的预期,这位新上任的庇隆主义继任者延续了货币管制的政策。

一些人认为,对于阿根廷的锂业经营者来说,国内的经济情况并没有那么糟糕。费尔南德斯甚至在就任总统之前会见了锂矿商,并向他们承诺他将坚定不移地支持锂业的发展。这样做是出于现实的考量。锂出口换回的硬通货是偿还该国美元债务的关键举措。不过,货币管制仍然是主要的问题。当锂出口商收到美元货款时,根据该国法律的规定,他们必须迅速将美元兑换成比索。他们不得不按照官方汇率进行兑换,而官方汇率比黑市交易的汇率低很多。因此,大部分国内承包商和雇员要求政府解除对外汇的管制,允许按黑市交易的汇率兑换。然而,当一家公司想要从国外进口试剂、机械等商品时,该公司需要将比索兑换成美元才能支付给国外的卖方,如果按照官方汇率兑换的话,比索的买价和卖价之间的价差是非常大的。因此,该公司在出口时将美元兑换成比索,在进口时又将比索兑换成美元会造成损失。理想的情况是该公司只需将美元货款存入银行账户并等待使用。话虽如此,货币管制虽然对这些单一公司不利,但却有利于阿根廷比索,因为增强了比索的汇率。

矿业公司往往对于政治和宏观环境具有很强的适应能力。你在哪儿能找到资源,就在哪儿挖掘,而这些资源往往恰好位于新兴市场或边境市场。尽管刚果(金)部分地区仍处于战争的状态,但大型跨国公司已在该国成功开采了钴矿。相比之下,阿根廷的经济问题似乎就是小巫见大巫了。尽管如此,阿根廷的锂业经历了第一次重大挫折。

埃赫曼(Eramet)是一家大型的法国矿业公司,其历史可追溯到1880年。它由传奇的罗斯柴尔德家族银行(Rothschild)资助。该家族可能是现代历史上最富有的家族,也是许多阴谋论的主角,其声望早在19世纪就达到了顶峰。

如今,埃赫曼是一家上市公司,将自身重塑为一家电池金属供应商。它在萨尔塔的森特纳里乌盐沼的锂矿开采项目已经停止,尽管该项目已处于后期阶段,并已投资数亿美元。该公司宣布,对阿根廷宏观经济环境的担忧是决定停止运营该项目的主要原因之一。时间会验证是否有其他项目会效仿埃赫曼的做法。

尽管阿根廷在宏观层面上采取了严厉的措施来拯救国家的经济,但这些措施影响了国内所有行业。在阿根廷,矿业领域有一些非常优惠的税收减免和特许权使用费政策。对比来说,智利对最终产品征收高达40%的特许权使用费,而阿根廷仅按坑口价格统一收取3%特许权使用费。锂项目也没有地方税和印花税。阿根廷各省级政府尽其所能地吸引新的锂业投资商。

然而,欲望是有代价的,阿根廷锂业的发展招致了一片批评之声。本质上,所有采掘业都是侵入性的作业,会在环境中留下痕迹。阿根廷全国有多达40个不同的锂矿开采项目,对环境构成的潜在影响是巨大的。其中主要问题是造成大量水资源的消耗。锂矿开采需要大量的水资源，但阿根廷的锂矿往往处于极度干旱的地区，那里的水是一种稀缺资源。盐滩是地球上独特的景观。由于强烈的阳光照射（阿塔卡马沙漠比莫哈韦沙漠多30%的阳光照射）湖泊和池塘等水体经过数千年的蒸发而形成现在的盐滩。玻利维亚的乌尤尼盐沼，拥有世界上最大的锂资源矿藏，这些矿藏源自几个史前湖泊的蒸发。这些湖泊距今大约30,000到40,000年，深度可达140米。乌尤尼盐沼约为10,260平方千米，地形高度上的变化还不到1米，使得这里成为非常适合进行卫星校准的地方。

尽管外表看起来不怎么吸引人，但盐沼拥有多样化的生态系统。几个世纪以来，这些地区一直居住着少数民族。他们不仅适应了这里的环境条件，还能够充分利用大自然赋予的一切。

问题是这些当地的居民聚集区是否能够从新能源的勘采中受益，以及是否采取了足够的措施来保护盐沼原始生态环境，避免采矿活动对其造成破坏。

从盐沼中生产1吨锂大约需要200万升的水。抽水站分散在锂池的周围，使用数千米长的软管将卤水输送到蒸发池里，水泵的抽水速度高达2,000升/秒，有人戏称从卤水中提取锂就像"水矿开采"。

众所周知，锂的提取会消耗大量的水资源，而盐沼往往处在水资源稀缺的地区。目前尚不确定的是，锂矿开采对盐沼及其附近区域无盐水资源的影响有多大。行业人士

第三章 "锂三角"

喜欢挂在嘴边的一种说法是，含盐水（咸水）的地下蓄水层与植物、动物和人类消耗的无盐地下蓄水层没有任何联系。因此，开采卤水中的矿物资源在很大程度上是一件好事，除了有可能对地貌景观造成一定的影响以外，对人畜无害。但一些科学家和非政府组织则持相反的观点，他们认为抽取卤水破坏了地下微妙的水平衡体系，因为淡水会自动补充盐水地下蓄水层中被抽掉的卤水。

关键问题在于没有足够的数据证明哪种说法是正确的，特别是在阿根廷，政府把调查盐沼水资源的工作留给了那些被指控耗尽水资源的开采公司，而且没有独立的或者政府主导的研究机构制定出衡量采矿公司用水量的基准。

根据阿根廷的法律规定，锂矿开采经营者在开始作业之前必须进行环境影响评价，环评结果需要得到权威机构的批准。然而，这些权威机构既要负责促进采矿业的发展又要批准环评结果，这必然会造成明显的利益冲突。

非政府组织在锂矿开采地区附近的土著居住区收集的个人证词表明，可用于牲畜和人类饮用的水源明显减少，而且还受到了污染，那里曾经发生过群居动物神秘死亡的事件。

阿根廷立法机构认可土著居民开发和控制其土地、领土和资源的权力。阿根廷是《联合国土著人民权利宣言》（*UN Declaration on the Rights of Indigenous Peoples*）的签署国。根据宣言内容，阿根廷"在批准任何影响到土著人民土地或领土和其他资源的项目，特别是开发、利用或开采矿物、水或其他资源的项目前，应本着诚意，通过有关的土著人民自己的代表机构，与土著人民协商和合作，征得他们的同意"。由于阿根廷国内法律没有对此作出进一步规定，所以土著社区的批准程序通常是环境影响评价的一部分。

正在进行的锂矿开采项目已得到土著社区负责人的批准，例如，在乌安卡（Huancar）和帕斯托斯奇酷斯（Pastos Chicos）经营的奥拉罗兹–考查里盐沼。尽管在盐沼地区运营的公司做出了许多保证，但为了获得资源而付出的回报——每年为政府带来数亿美元的收入——以及相关的批准过程，仍然引发了不少质疑。

阿根廷的一个非政府组织——环境与自然资源基金会（Fundación Ambiente y Recursos Naturales）所进行的访谈显示，矿区的当地人觉得他们并不了解这些开采项目的全部真实信息。与他们会面的矿业公司代表没有充分强调或讨论项目可能存在的环境风险。当地人提出这些问题时，得到的答案是他们根本听不懂的专业术语。在与矿业公司进行会面的期间，并没有来自政府或学术界的第三方代表在场。土著社区成员觉得没有人支持他们，因为他们并非项目的既得利益者。他们从未觉得自己真的有很大的谈判筹码，所以他们大多乐于接受公司的任何承诺，在整个过程中处于相当被动的地位。工作机会是矿业公司为当地居民提供的最重要的福利，在这样一个就业机会很少的地方能够得到一份工作，许多当地人已经非常高兴了。当地社区获得的福利是矿业公司赞助的中学，一些为了给孩子提供更好教育机会而离开的当地居民得以回来就业。

当地不同社区每年获得的补偿在 25,000—60,000 美元之间，相当于 3—10 吨碳酸锂的销售收入。而在 2019 年的时候，盐沼地区一家矿业公司碳酸锂的产量就已超过 12,600 吨。

然而，现实不一定非要如此。世界上有很多矿业城镇从附近的矿山中获得了可观的收益，通过税收和高于平均水平的工资实现了财富的再分配。沙特阿拉伯便是一个例子，它通过石油财富将土著游牧部落从贫困推向了富裕。富有传奇色彩的沙特石油部长阿里·纳伊米（Ali Al-Naimi）便是在游牧部落的帐篷里度过的童年。那么，人们不禁要问：为什么像阿根廷这样的国家，不能利用几个世纪以来祖先赖以生存的丰富资源，帮助土著社区实现中产阶级的富裕生活呢？

玻利维亚的情况则大不相同，它是"锂三角"中资源最丰富的国家。13 年来，该国一直由第一位土著总统治理。关于玻利维亚特殊的锂矿环境以及这个世界最大锂矿储藏国在迈向商业化过程中所经历的漫长而艰难的历程，我们将在下一章中详细阐述。

第四章
锂矿界的沙特阿拉伯

2019年11月11日晚,一架墨西哥政府的专机从玻利维亚中部城镇奇莫雷起飞,载着玻利维亚已执政13年的领导人流亡海外。当飞机升空之时,这个国家陷入了一片动荡之中。拉巴斯市(La Paz,西班牙语意思是"和平")是玻利维亚的两个首都之一,那里已经爆发了暴力性抗议的骚乱。驻该市的大多数大使馆的雇员都被告知在家办公。拉巴斯的中心广场穆里略广场已经变成了一个抗议活动的临时据点,让人不禁联想起2014年乌克兰的迈丹广场事件。

自该国总统选举活动开启以来,抗议活动已经持续了数周。美洲国家组织(Organization of American States)的观察员认为该国的总统选举涉嫌腐败行为。然而,并不是每个人都希望埃沃·莫拉莱斯(Evo Morales)出局。他是这个国家第一位当选的土著总统,该国约有60%的人口宣称自己是土著人。这是拉丁美洲国家当中土著人口占比最高

第四章 锂矿界的沙特阿拉伯

的国家。在他长期执政的期间,莫拉莱斯大幅降低了该国的贫困率,并在繁荣的商品市场经济的支持下,引领国家实现了数年经济的强劲增长。事实上,警方在总统逃亡前几天就不再承认总统的权威地位了,并且非常担心他的大批支持者会向首都进军。

埃沃——人们喜欢这样称呼他——将自己统治的结束描述为一场政变。他没有被软禁,崭新的总统官邸"普韦布洛之家"也没有受到轰炸的威胁。由钢铁和玻璃建成的"普韦布洛之家"仍然耸立在拉巴斯的美景中。然而,鉴于街头发生的暴力事件,玻利维亚武装部队司令威廉姆斯·卡利曼(Williams Kaliman)将军在广播讲话中建议总统辞职。

在这样一个因军事政变次数最多而臭名昭著的国家里,对那些公正的观察者来说,遵循这一建议似乎是谨慎的。然而,并非所有人都相信这真的是一场政变。巴西总统雅伊尔·博索纳罗(Jair Bolsonaro)在评论这一事件时对巴西的《环球报》(*O Globo*)说道:"当左派失败时,政变这个词就会经常被用到。当左派赢得选举的时候,才是合法的,他们若是输了,那就是政变。"[①]

几周后,街头的紧张局势渐渐平息了下来。当埃沃·莫拉莱斯作为前国家元首首次接受较长时间的采访时,他表明他绝对相信这次政变与锂资源有关。他说道:"这既

---

① Londoño, E., 2019. *Bolivian Leader Evo Morales Steps Down* (*Published* 2019). [online] Nytimes. com. Available at: < https://www.nytimes.com/2019/11/10/world/americas/evo-morales-bolivia.html > [Accessed 12 April 2021].

是一场国内政变,也是一场国际政变。工业化国家不想有竞争对手。"① 他接着声称,华盛顿没有原谅他选择中国而不是美国来支持锂业项目的做法,而且玻利维亚将会根据其锂资源的绝对储藏规模来决定世界上锂的价格。

事实上,玻利维亚拥有世界上最大的锂资源储量。根据美国地质勘探局的估算,该国锂的储量为2,100万吨。玻利维亚人坚持认为其锂的储量要大得多,估计仅该国最大的盐沼——乌尤尼盐沼——就拥有1.4亿吨锂储量。

然而事与愿违,无论是过去还是未来,玻利维亚都无法主导全球锂的价格。玻利维亚海关公布的最新数据显示,2018年玻利维亚仅出口了20吨碳酸锂,仅够装满一个集装箱的数量,而且全部货物都出口到了中国。

可是,在很大程度上,该国的民族情感和发展战略受到了锂作为新石油理念的影响。这种情况在世界的其他国家当中比较少见。利用锂资源来实现国家富饶的梦想可以追溯到2006年莫拉莱斯总统任期之初,锂资源成为该国经济发展的决定性因素之一。对于玻利维亚人来说,这不仅仅是提高国内生产总值的一种方式。玻利维亚民族经历过自然资源之殇,新任总统莫拉莱斯试图克服这一民族创伤。理查德·M. 奥蒂(Richard M. Auty)在其独创性的著作《矿产经济的可持续发展》(*Sustainable Development in Miner-*

---

① France 24. 2019. *Morales claims US orchestrated 'coup' to tap Bolivia's lithium.* [online] Available at:< https://www.france24.com/en/20191224-morales-claims-us-orchestrated-coup-to-tap-bolivia-s-lithium >[Accessed 12 April 2021].

第四章 锂矿界的沙特阿拉伯

al Economies，1993年）中创造了"资源诅咒"一词，用来描述那些拥有丰富的地下矿藏，却并未因此富裕起来的国家。他还将玻利维亚视为这类国家。

从1545年被西班牙入侵到1825年玻利维亚独立，富含锂资源的乌尤尼盐沼所在的波托西省一直是西班牙帝国最大的资金来源。虽然盛产白银的塞罗里科（Cerro Rico，西班牙语的意思是"富饶之山"）抬高了伊比利亚半岛的物价，但它却夺走了玻利维亚约800万人的生命，其中大部分是土著居民。它还将波托西市提升到了全球知名大都市的行列——在17世纪初，波托西的规模已经超过了伦敦和米兰。"富有的波托西，世界财富之冠，位居群山之巅，令人艳羡倾倒。"这座城市的盾形徽章上写着这样的诗句。但是，波托西的重要性并没有延续下去，它随着其银矿的衰败而一起陨落。

摆脱西班牙殖民者，获得民族独立后，玻利维亚的权力一直掌握在西班牙殖民者的直系后裔"克里奥尔人"（Criollos）手中。他们继续开发矿产资源并获取财富。帕厅诺什、阿拉马约和霍赫希尔德等"锡业巨头"家族在18—19世纪财富巅峰时期，控制了世界锡业市场约30%的份额。1952年的时候，他们的锡矿被收归国有，并开始为国家带来稳定的收益，直至1986年锡的价格暴跌超过了50%。

在2003年的时候，玻利维亚天然气资源的勘探引发了冲突，导致了所谓的"天然气之战"。玻利维亚天然气资源的储藏量在南美洲位居第二，仅次于委内瑞拉。这让贡萨洛·桑切斯·德洛萨达（Gonzalo Sánchez de Lozada，或称"戈尼"）失去了总统的职位，并为埃沃·莫拉莱斯在接下来的选举获胜打开了大门。来自莫拉莱斯竞选大本营埃尔阿托的60名支持者在抗议活动中丧生。他们对戈尼政府与英国和西班牙石油巨头之间的天然气交易感到义愤填膺。据估计，玻利维亚每年只能从天然气出口业务中获得4,000万—7,000万美元的收益。更糟糕的是，玻利维亚的天然气以最原始的形式通过管道出口，在智利境内进行液化并运往墨西哥和美国。这种情况再次让玻利维亚人回忆起不堪的历史——该国过去只能出口最原始形式的商品，以及在1884年与智利的战争中失去出海口的苦涩滋味。失去出海口是对玻利维亚集体意识的一次重创，每年3月23日在玻利维亚各城市举行的"海洋日"游行令人难以忘怀曾经的伤痛。

埃沃利用天然气之战作为竞选总统的跳板。他是碳氢化合物资源实现完全国有化示威活动的主要领导者之一。他就任玻利维亚总统后做的第一件事就是签署了一项法令，要求将该国所有天然气的储藏收归国有。该法令规定，国家恢复了对碳氢化合物的所有权、占有权以及完全和绝对的控制权。

2019年，该国天然气的出口为国库带来了约20亿美元的收入，这远远多于此前该国实行天然气私有化期间每年估算的4,000万—7,000万美元特许权使用费的收入。

玻利维亚国家主导的天然气田的开发取得了巨大的成

功。但是，锂资源的开发情况就不一样了，尽管国家最初就将它提到了重要的日程上。事实上，外国公司错误地将埃沃总统的当选视为未来发展的机遇。外国公司的代表开始向新上任的总统频频示好，以签订与锂相关的合同和获取勘探权。但在开始讲述这部分内容之前，我们先从头说说该国锂业发展的情况。

早在1974年的时候，玻利维亚政府就宣布富含锂资源的乌尤尼盐沼就是国家的"财政储备"，总体上将盐沼的基本所有权以及开采和管理其边界所有矿产资源的合法权利划归国有。这样的做法完全没有考虑到盐沼地区土著居民的利益，他们世世代代居住在这里，已经有好几个世纪之久了。在很长一段时间里，玻利维亚的锂资源并没有真正引起人们的兴趣。20世纪80年代末，美国FMC-LITHCO公司与玻利维亚政府开始谈判。该谈判耗时长达五年之久，最终敲定了为期40年联合开采乌尤尼盐沼锂矿的协议。该协议需要当时的玻利维亚总统海梅·帕斯·萨莫拉（Jaime Paz Zamora）的签字，以及国会的批准。

在20世纪90年代早期，锂的需求量并不大，但令人兴奋的是新电池的应用已经出现。通用汽车首次就电池驱动汽车的可能性发表了声明，而法国似乎正在推进其建造新的核聚变反应堆的计划。这些计划将需要大量的锂资源，锂业主要领军者之一FMC-LITHCO希望获得一个锂矿资源的基地，以实现这些计划。

FMC-LITHCO在玻利维亚谨慎地推动其发展计划，因为协议要求600万美元的初期投资和为期3年的可行性研究。如果该研究证明对盐沼的勘探在经济上是可行的话，则会追加投资4,000万美元以筹建一个加工工厂。美国人当时估计，该项目将创造200个就业机会，并预计在10年内生产价值1亿美元的出口产品。

这个项目一开始就被政治化了。人们甚至举行了绝食抗议活动，抗议的横幅上写着"出卖乌尤尼盐滩的人快点儿去死吧"。玻利维亚的总统赞成与美国人进行合作，呼吁人们控制过激的行为，"树立与时俱进的心态，不要忧虑和恐惧时代的进步"，应积极"创造最好的条件来吸引投资"①。然而，他遭到了南阿尔蒂普拉诺地区农民工会联合会（LaFederación Regional Unica de Trabajadores Campesinos del Altiplano Sud，以下简称"FRUTCAS"）的强烈反对。几十年来，这个组织一直在该地区发挥着重要的作用，后来又与莫拉莱斯形成坚定的联盟。FRUTCAS是一个代表40,000名农民利益的组织，其中很大一部分成员是乌尤尼盐沼地区的土著后裔。

总统签署了合同，但是国会却难以批准。一方面是源于社会压力，另一方面国会议员也很担心合同上的措辞。合同期限为40年，但不能保证FMC-LITHCO在此期间能提取到锂。即使这种可能性很小，但这样的担忧也是合情合

---

① Wikileaks. org. 2009. *Cable*：09*LAPAZ*267_*a*.［online］Available at：< https://wikileaks.org/plusd/cables/09LAPAZ267_a.html >［Accessed 18 March 2021］.

理的。如果可行性研究确定该项目不盈利，那么美国人可以等待市场环境发生变化，同时阻止其他公司对盐沼进行开发。

另一方面，FMC-LITHCO 不愿意接受在谈判过程中将增值税的百分比从 10% 增加到 13% 的变化。他们认为，既然他们在 2 月份签订了合同，而增值税是在 5 月份发生了变化，他们就不应该缴纳新的税款。然而，玻利维亚的国会议员却无法接受 FMC-LITHCO 的这种推理。最后，FRUTCAS 游说国会不要批准，因为 FMC-LITHCO 所掌控的乌尤尼盐沼项目预计只会给该地区留下 2% 的收益。

最后，漫长的谈判和公众的态度令 FMC-LITHCO 心灰意冷，它于 1993 年放弃了玻利维亚。后来在阿根廷的翁布雷穆埃尔托盐沼开展了锂矿开采业务，公司的业务进展非常成功。仅仅过了 3 年，到了 1997 年，FMC-LITHCO 在阿根廷的锂矿项目达到了商业规模的生产。尽管左翼民族主义庇隆主义者掌权，但该项目还是得到了政府的支持。与玻利维亚相比，阿根廷锂矿开采的技术要求相对较低，阿根廷盐沼镁杂质含量要低得多，而且蒸发率也较高。

从 1993 年到 2006 年莫拉莱斯当选，这期间玻利维亚的锂资源不知何故并没有被提上公共事务的议程。从萨莫拉到莫拉莱斯的时间段里，尽管 6 位总统在原材料领域里有着不同的侧重，但是他们更愿意专注于天然气资源的开发。他们的短期执政和玻利维亚长期的政治动荡局面妨碍了长期开发项目的有效进展。

莫拉莱斯上台之后，提出的实质性改变现状的第一个建议是修改宪法，将玻利维亚定义为一个多民族的国家，承认土著居民在国家中的地位。与此同时，还积极推广了"幸福生活"理念———种倡导与自然和谐相处的国家发展理念，它源自土著居民的古老哲学。玻利维亚试图以其独特的方式实现环保目标。2009年，莫拉莱斯在哥本哈根气候变化会议上发表演讲，声称资本主义是导致气候变化的根源，并提出了严厉但现实中行不通的措施来阻止气候变化。他还呼吁富裕国家向发展中国家支付气候变化的赔偿金，并建立国际气候审判法庭。由于看到他本人的提议影响非常有限，他在2010年组织了自己的气候峰会，以抵制处理该问题的现有国际机构。

他本人所持的反资本主义的立场、对环境的关注和亲土著居民的政策决定了他对于锂矿开采的官方态度。但根据玻利维亚国内批评者的说法，他的举措使国家两极分化。2014年出台的新采矿法就是一个很好的例子，说明了莫拉莱斯自我标榜的理念和他的实际行动之间的区别。该法案将采矿经营者的用水权私有化，限制了受影响社区的协商进程，也许最令人憎恶的是，该法案将任何反对采矿的抗议活动定性为犯罪行为。

最后，他的做法与其他右翼或左翼威权领导人的做法没有任何的不同。对他们来说，仁慈的理念只是一种便捷的、可选择性使用的工具，用来推动他们背后支持者的利益。

第四章 锂矿界的沙特阿拉伯

莫拉莱斯对资本主义和富裕国家十分反感。在他就任总统之初,西方政府和对锂资源开采项目感兴趣的公司对他大献殷勤,这或许是很反常的行为。西方政府的官员和公司高管不可能不知道他的观点。可能没有人相信莫拉莱斯会一意孤行,在开采锂资源这样复杂的项目上孤军奋战。

锂矿的开采比银或锡等其他金属开采的要求高得多。此外,莫拉莱斯对开采锂矿并将其运往国外进行进一步加工并不感兴趣。那样的做法违背了他的信仰。长期以来,玻利维亚只是一个原材料的出口国,受世界大宗商品典型的"繁荣—萧条"周期变化的支配。他想把锂加工成高品质电池的化学品,然后用于生产玻利维亚的电池,甚至有一天用于生产玻利维亚的电动汽车。

想在玻利维亚这样的发展中国家实现这一目标,就必须得到更多工业化高度发达国家的支持。对这个行业有些许了解的人们不难想象莫拉莱斯和他的下属们也是这样考虑的。

然而,日本、韩国、法国、加拿大和巴西的政府和企业长期对莫拉莱斯执政的玻利维亚相关机构示好,但最终都没有成功。

2009年2月,玻利维亚国家矿业公司(Corporacíon Minera de Bolivia)负责人弗雷迪·贝尔特兰(Freddy Beltran)宣布,四家公司——日本的三菱(Mitsubishi)、日本的住友、法国的博洛雷(Bolloré)集团和韩国的LG——分别表示对乌尤尼盐沼的锂矿感兴趣。与此同时,玻利维亚国家矿业公司独立开发的锂生产试验厂正在建设中。值得注意的是，当时并没有大型锂生产商表示对玻利维亚的锂矿感兴趣。他们可能会担心该国资产国有化的威胁，还有该国落后的基础设施以及锂资源的质量问题。这还没算上当地的气候问题，因为暴雨可能会对任何刚起步的常规采矿作业造成影响。

实现玻利维亚整合锂离子电池经济的愿景，需要的不仅仅是对未开发区域的巨额投资，关键还在于玻利维亚技术教育的质量，以及当地所需熟练劳动力的数量。尽管玻利维亚有采矿的专业人员，但缺少化学和高科技工程领域的专业人才。

莫拉莱斯对法国的访问以及2009年与尼古拉·萨科齐（Nicolas Sarkozy）总统的会晤，在很大程度上与玻利维亚天然气和锂资源的谈判有关。天然气项目的谈判是由道达尔（Total）公司的高级代表牵头，锂资源开发项目的谈判由博洛雷集团牵头。博洛雷集团从事物流业务，在非洲大陆拥有强大的实力，在欧洲电池市场上一直颇具潜力。在会议期间，莫拉莱斯认识到国际投资的必要性，但他明确表示玻利维亚不会以任何价格出售资源。会议结束后，博洛雷集团宣布将向玻利维亚政府提交关于在玻利维亚调查、生产、销售甚至制造锂电池动力汽车的提案。

谈判过程中充满了不信任的气氛。莫拉莱斯告诉法国公司"要成为玻利维亚的合作伙伴，而不是其资源的掠夺者"，并虚构了他与俄罗斯的良好关系，试图将这层关系视为谈判中的王牌,特别是在法国—玻利维亚天然气合作项目的谈判上。他隐晦地强调说,如果道达尔公司在投资规模和时间方面不能满足他的预期,那么玻利维亚一定会选择对其最有利的合作方案。①

尽管谈判的气氛并不轻松,但博洛雷集团还是兑现了自己的承诺,与法国金属生产商埃赫曼公司合作,并向玻利维亚政府提交了一份全面的发展计划。博洛雷集团期待得到谈判的积极结果,并对在阿根廷开采锂资源越来越感兴趣。但是它的等待是徒劳的,因为随着时间的推移,与玻利维亚成功签约的希望越来越渺茫。2010年2月,两家公司敲定了在阿根廷勘探锂资源的协议。这一新的战略定位的成果是埃赫曼公司赢得了阿根廷的森特纳里乌盐沼项目,尽管该项目在2020年因锂价格的低迷而被搁置,但仍然是充满希望的项目。

一家已经在玻利维亚运营的矿业公司也对开发乌尤尼盐沼颇感兴趣。然而,该公司在这个国家的经历让它的前景从一开始就不那么乐观。2008年,在金属价格低迷的情况下,日本贸易公司住友收购了圣克里斯托瓦尔省的银、铅和锌矿。住友是一家综合商社,是典型的日本大公司。综合商社就是综合贸易公司,以充当中介的方式活跃于广泛的市场而闻名。它们的起源可以追溯到19世纪中叶日本

---

① Wikileaks. org. 2009. *Cable*: 09LAPAZ267_a. [online] Available at: < https://wikileaks. org/plusd/cables/09LAPAZ267_a. html > [Accessed 18 March 2021].

的对外开放，当时它们充当了日本通往外部世界的经济桥梁。后来，它们在国际市场上继续保持着强势的发展，主要是因为它们在全球拥有庞大的关系网络，以及在日本的经济繁荣时期积累了大量的现金。但日本的经济繁荣在20世纪90年代初却突然终结。随后，综合商社利用节约下来的现金有效地进行项目投资和在世界各地进行产品分销（通常选择自然资源领域），维持了其在国际市场上的地位。住友的一名前雇员描述了当时与玻利维亚国家机构打交道的痛苦经历。他说，与政府官员的会议频繁而冗长，令人沮丧，而且官员们自身往往非常缺乏经验。官员们甚至不知道住友是做什么的。打电话给官员们想要开一次会议，对方却问"住友是谁？"他还收到了寄给住友先生的信，还有官员们打电话过来，说想和住友先生谈谈。与玻利维亚政府沟通，私人公司的身份显得过于低微。他还补充说："玻利维亚的官员们希望与其他国家的政府官员打交道，而不是与企业高管碰面，哪怕住友现在已经是玻利维亚最大的投资商之一。"①

住友还不得不应对玻利维亚官员们的负面意见，他们认为该公司试图通过低廉的价格购买矿山，占圣克里斯托瓦尔矿山原来所有者的便宜。有一种普遍的观点认为，圣克里斯托瓦尔矿山应该被国有化。玻利维亚人根本不明白，

---

① Wikileaks. org. 2009. *Cable*：09*LAPAZ267_a*. [online] Available at：< https://wikileaks.org/plusd/cables/09LAPAZ267_a.html > [Accessed 18 March 2021].

住友在购买该矿山时背负了巨大的风险,比如承担了4亿美元的债务。

住友不仅在与高层官员打交道时遭遇了种种困难,在矿山的运营当中也面临着各种抗议和罢工,甚至导致过矿山暂停运营。日本高管也在抱怨自己公司在玻利维亚面临的高税收负担,以及像增值税退税这样的基本问题。

最后,玻利维亚的繁文缛节和始终隐现的国有化风险阻碍了住友参与乌尤尼业务。住友虽然没有直接从事锂矿开采的运营工作,但后来成为正极材料领域非常成功的参与者和特斯拉汽车的主要供应商。

外国公司也越来越清楚地认识到,玻利维亚不打算仅通过收取锂矿开采特许权使用费和税收来增加国家的财政收入——这在很大程度上代表了采矿业的标准经营方式。玻利维亚人只对开发项目的技术支持感兴趣,充其量会准许国外公司持有锂生产业务的少量股权。

由于孤军奋战,玻利维亚失去了宝贵的合作机遇,因为那些愿意在风险项目上花费时间和大量资金的公司已经转向于投资其他国家或电池供应链的其他部分。胡安·卡洛斯·苏莱塔(Juan Carlos Zuleta)可能是玻利维亚从业时间最长的锂资源分析师,他在接受《纽约时报》(*New York Times*)采访时指出:"我们拥有地球上最丰富的锂储量,但如果我们现在不加入竞争,我们将失去这个机会。市场将为世界的电池需求找到其他的解决方案。"①

虽然莫拉莱斯一直在与外国公司的谈判中做着各种尝试，但锂项目的实际控制权掌握在新成立的科学委员会（Scientific Committee）手中，该委员会是农民组织 FRUTCAS 的代言人，也是莫拉莱斯的坚定支持者。FRUTCAS 的负责人是一位藜麦种植者，住在盐滩附近。毫不奇怪，科学委员会没有取得任何实质性的进展，当它无法发挥任何作用时，其职能就被国家接管了。

三年间，玻利维亚国家矿业公司设法在乌尤尼盐沼建立了一个碳酸锂的试点工厂，耗资 2,000 万美元。一个试点工厂可能听起来很了不起，但它只不过是一个小规模的生产厂，目的是在其实现商业规模的产能之前，通过试点厂更多地了解生产过程的各个环节。此后又过了三年，该试点工厂才向中国出口了第一批几吨重的碳酸锂。这意味着，无论试点厂在最初几年的产出是多少，产品的质量可能很低，无法向世界展示。试点厂一直是玻利维亚容易实现的小目标，建造试点厂是为了向全国展示已经取得的进展。这可能就是为什么紧随其后又建造了电池试点厂和正极材料试点厂。截至 2019 年，电池试点厂仅生产了 110 千瓦时的电池，相当于两辆现代电动汽车所需的电量，而正极材料试点厂仅生产了 28.5 千克的镍钴锰酸锂电池正极材料，

---

① Romero, S., 2009. *In Bolivia, Untapped Bounty Meets Nationalism* (published 2009). [online] Nytimes.com. Available at: < https://www.nytimes.com/2009/02/03/world/americas/03lithium.html > [Accessed 12 April 2021].

这一数量更符合大学实验室的生产能力。

尽管玻利维亚坚持独自开发该国的锂业，但在很大程度上仍然依赖外国公司来建造试点厂。该国并没有在这一进程中节省资金。到目前为止，玻利维亚最大的国家投资是高达10亿美元的天然气开发。这项投资得到了回报，天然气的收益被分配给了锂矿的开发。2015年，莫拉莱斯承诺到2019年的时候，该国要向锂行业投资9.95亿美元。2019年年中，据透露，约有6亿美元已投入锂开发的项目。

锂开发投资收效甚微。为了让读者理解这一点，我们来做个比较：奥若可博在邻国阿根廷的奥拉罗斯盐沼筹建的设施已经完成，耗资2.29亿美元，第一阶段的额定产能为每年17,500吨碳酸锂。尽管奥若可博的项目遭遇了相当多的挑战和挫败，但是它仍然能够成为一个正面事例，它可以充分表明在拉丁美洲经营锂项目时私营公司优于国有公司的事实。

玻利维亚决策者在确定锂资源工业化方针之初，就显示出了一些令人怀疑的迹象。被选中从事这项工作的外国公司并没有真正在锂和电池领域立足的经历。它们都是有实力的公司，但它们的经验是在邻近领域，而不具备锂或者电池行业本身的经验。建造正极材料试点厂时，玻利维亚没有与最大的正极材料生产商和主要的正极材料工厂设备供应商合作，而是决定聘请法国公司ECM Greentech，该公司在其网站上称自己为"光伏设备制造商"。简而言之，该公司专门生产太阳能电池板。埃沃·莫拉莱斯的国事访问和政治支持似乎在选择合作伙伴方面发挥了更大的作用，而不是基于对行业本身的了解。中国的临沂杰能新能源材料有限公司被委托在玻利维亚建立一个电池试点厂，其排名也远远落后于中国最大的、技术最先进的电池企业。考虑到政府层面的谈判和分配的资金数额，这似乎又是一次奇怪的选择。玻利维亚政府本可以轻松地与锂业的精英公司合作。但是，不知道出于何种原因，该国选择不这样去做。

随着各方谈判的进行，锂行业的格局开始发生变化。至少玻利维亚的国有企业注意到了这些变化。在国际市场上，对于电动汽车电池的应用来说，电池级的氢氧化锂变得越来越优于碳酸锂。一些业内的分析师预测，氢氧化物作为一种优质材料，会逐渐把碳酸锂挤出市场。玻利维亚开始寻找合作伙伴以建立生产氢氧化锂的工厂。随着时间的推移，玻利维亚的期望也渐渐地发生了变化，玻利维亚人慢慢意识到，仅仅依靠外国公司的技术支持是不够的，还需要投入自己的资金。导致这些变化的原因可能有三个方面的考虑：一者，源于过去的教训；二者，担心持续性的投资不利带来的恶果；三者，天然气收入的负面变化限制了玻利维亚的想象力和慷慨的支出。

玻利维亚开始寻找那些仍然愿意接受玻利维亚国有企业在未来项目中持有控股权的合作伙伴和投资者。对玻利维亚的锂资源感兴趣的德国私营企业非常了解埃沃·莫拉莱斯的下属对政府间关系的重视。与此同时，德国政府意识到玻利维亚能够为其公司提供机会。德国西门子（Sie-

第四章 锂矿界的沙特阿拉伯

mens)就充分利用了玻利维亚天然气资源繁荣发展的机遇,在玻利维亚建造了三座天然气发电厂。德国政界看到了为德国电动汽车行业提供原材料的机会,随着该国主要汽车制造商对发展电动汽车兴趣的不断上涨,电动汽车电池行业正在加速发展。从更大的角度来看,他们还试图限制德国和欧盟对中国锂供应链的依赖。在两年的时间里,柏林在政治层面上引领了一场激烈的游说。其中包括几次对玻利维亚外交访问,在此期间,德国政府强调了与德国公司合作的优势。其中主要的亮点是以德国政府担保的形式为合作项目提供财政支持,以及今后进入德国著名汽车行业的吸引力。玻利维亚政府官员也受邀参观了德国工厂,以便亲身体验德国的工业实力和高超工艺。为了进一步突显德国企业的优势,德国经济事务和能源部长彼得·阿尔特迈尔(Peter Altmaier)给莫拉莱斯写了一封信,强调德国公司致力于发展环境友好型的生产过程,这与莫拉莱斯所倡导的"幸福生活"的理念不谋而合。

在外交层面上,德国一直面临着一个强大的竞争者。在莫拉莱斯倒台之前,玻利维亚与中国的关系一直处于最佳状态。埃沃在任期内对中国进行了四次正式的访问,他认为玻利维亚领导人与中国领导人在意识形态上很接近。中国一直是玻利维亚金属和农产品的买家,也是尖端技术的卖家。中国发射了玻利维亚的第一颗卫星①,耗资3亿美

---

① 中国在西昌卫星发射中心用长征三号乙运载火箭,成功将玻利维亚第一颗卫星发射升空。——编者注

元，其中2.511亿美元来自中国的国家开发银行的低息贷款，可分期15年偿还。玻利维亚从中国购买了最先进的生物识别监控系统。中国在"一带一路"倡议中也看到了玻利维亚在未来发挥的更大影响力。

德国的ACI Systems是一家家族经营的中型清洁技术和工业设备制造公司，位于德国西南部的康斯坦茨湖附近，它赢得了改变玻利维亚锂矿命运的合同。在一次采访中，一位玻利维亚的政府官员声称，签订合同的决定性因素是ACI Systems是否愿意接受"盐沼的所有权仍属于玻利维亚，合资企业51%的股份将由玻利维亚拥有和控制"这一条款，以及德国汽车品牌未来对于玻利维亚锂资源需求的前景。

ACI Systems还承诺向该项目投入最多可达13亿美元的资金。这可是一项巨额投资。设想一下，如果没有德国政府的大力支持，一个规模并不大的实体不可能有这样的大举措。该合同有限期为70年，由两家公司于2018年12月12日在柏林签署，玻利维亚外交部长和德国的经济部长出席了签署仪式。

到2022年的时候，ACI Systems合资企业预计每年可提供3万—4万吨氢氧化锂。

中国并没有空手而归。中国与德国的情况不同，西方媒体几乎没有注意到这一事实。新疆特变电工集团与玻利维亚的国有锂业公司成立了一家合资企业，条件与ACI Systems的合资企业类似。特变电工集团紧随德国其后，两个月就获得了合资企业49%的股份。

第四章 锂矿界的沙特阿拉伯

中国还进入了另外两个规模较小的含锂盐沼的开发业务，它们是科伊帕萨盐沼和大帕斯托斯盐沼，并承诺投资23亿美元。ACI Systems 也一直在竞标这两个较小盐沼的开采权。还有一个竞争对手是铀壹公司（Uranium One），该公司隶属于俄罗斯国有核能巨头——俄罗斯国家原子能集团（Rosatom）。中国驻玻利维亚大使梁宇赞扬了中玻合作的历史意义。在这个合作项目中，新疆特变电工集团也不是一家锂业公司。它是一家活跃于广义的电力行业的企业集团，最出名的是其对发电厂的投资项目。

2019年11月，德国与玻利维亚在柏林签约合作还不到一年，事态却发生了戏剧性的转变。11月3日，莫拉莱斯通过另一项总统令废除了设立玻利维亚—德国合资企业的第3738号法令，取消了双方原定的70年的合约，并且没有给出任何解约的理由。据报道，ACI Systems 的总经理还是从广播中得知的这一消息。

这一决定是在波托西省的抗议浪潮中做出的。当地人再一次对利益分配，也就是他们将获得的矿区土地使用费的份额感到十分不满。恰在此时，来自波托西民事委员会（Potosí's Civil Committee）的地方权力中介人贪得无厌，挑起了示威性的活动，由此致使另一个有可能实现玻利维亚锂资源强国之梦的项目无法正常进行。

从经济部到参与合约谈判的德国政界人士都对这一事件深感"惊讶和遗憾"。ACI Systems 也无法接受这一裁决，并在其所在的巴登－符腾堡州的总部继续进行该项目的工作，希望所发生的一切是一场大误会，相信任何困难都是可以得到解决的。ACI Systems 有可能并不知道当地反对派的要求，也不知道当地利益相关者对市政当局的利润分成普遍感到不满意的情况。其中的原因可能是玻利维亚政府亲自与当地利益相关者打交道，以免让德国合作者获悉他们的种种忧虑，唯恐阻碍德国公司的投资。

驻拉巴斯的德国大使在推特上说："德国再次确认其在锂业项目中对玻利维亚的承诺，并将信守其诺言。玻利维亚呢？停止该项目将对合作的双边经济关系和玻利维亚作为投资地的国际信誉造成沉重打击。"[1] 德国人仍然相信有办法摆脱这一困境。首先，他们认为玻利维亚的国有锂业公司 Yacimientos de Litio Bolivianos（以下简称"YLB"）领导层的变动可能会给此项目带来一些进展。随着莫拉莱斯的倒台，胡安·卡洛斯·苏莱塔将成为 YLB 的负责人。然而，苏莱塔作为莫拉莱斯锂计划的长期批评者，并不打算重启该项目。苏莱塔上任仅一个月，就被另一波抗议浪潮赶下了政坛。当地组织对波托西省随后的锂项目的影响证明了他们将在更大的范围发挥强大的作用。令人惊讶的是，当地组织领导人及其意见却被那些希望在玻利维亚开展锂业务的外国公司长期忽视，从一开始的 FMC-LITHCO，到最后的 ACI Systems，来到玻利维亚的外国政客和高管们都在

---

[1] M. eldiario. net. 2020. *Detenerproyectodellitiosería "durorevés" pararelaciones*. [online] Availableat: < https://www. eldiario. net/movil/index. php? n = 23&a = 2020&m = 01&d = 23#closem > [Accessed13April2021].

第四章 锂矿界的沙特阿拉伯

玻利维亚遭受挫折。

德国人等待着玻利维亚的总统选举,以期事态变化。临时总统珍妮娜·阿涅斯(Jeanine Áñez)已经执政近一年的时间了,但她却以冠状病毒大流行为由推迟了选举,同时在不断地巩固自己的权力基础。在国家持续动荡的情况下,阿涅斯签署了一项新的法律,免除了军队在使用武力进行"合法防卫"时的责任。她的政府被反对者描述为笃信宗教和军国主义的混合体——通过军用直升机向冠状病毒感染的社区洒圣水的做法就是最好的例证。玻利维亚的时局很不稳定,许多人质疑阿涅斯还能掌权多久,以及未来的选举是否公平等问题。在乌尤尼盐沼,工厂生产的氯化钾和试点厂生产的碳酸锂都受到严重的影响,它们的产量远远低于原定的目标。

中国人正在乌尤尼盐沼建设一家商业级碳酸锂的生产工厂,中方合资企业在其他较小盐沼的运营尚未被玻利维亚政府取消,还在继续推进之中。碳酸锂生产工厂建设项目由北京的梅森工程公司(音译)代表玻利维亚 YLB 公司承揽,工程本应于 2018 年完工,但实际进展情况很难确定,看起来就是一个大型的建筑工地。在第一个完工期限没有实现后,玻利维亚 YLB 又做出了新的承诺,即该工厂将于 2020 年建成,但是依然没有兑现。考虑到该国最近动荡的政治和经济环境,工期出现一再延误的情况不足为奇。

2020 年 11 月,争取社会主义运动党(Movement for Socialism，以下简称"MAS 党"）候选人路易斯·阿尔塞（Luis Arce）在选举中获得压倒性的胜利，共获得超过 52%的选票。临时总统任期内的社会动荡，加上医疗保健和经济危机，使人们渴望能够长期执政的 MAS 党为玻利维亚带来社会稳定。阿尔塞曾在莫拉莱斯手下担任经济和财政部长将近 11 年之久。他在英国接受过高等教育，被视为玻利维亚政治舞台上的技术官僚。他在政府任职期间推动了国有化的进展，因为他相信玻利维亚应采取独特的经济模式，即国家的宏观调控应发挥比较大的影响力。在他担任部长的大部分时间里，在大宗商品繁荣发展的推动下，该国的经济状况一直表现良好。然而，作为一名总统，他的执政之路并不轻松。在他的竞选活动中，他强调了他对实现锂产业的兴趣。尽管来自 MAS 党，但他的计划似乎主张从零开始。考虑到该国长期以来的错误起步，"一切从零开始"可能是最危险的提议。

与此同时，中国大使梁宇重申：到 2025 年，中国将需要 80 万吨锂；我们可以帮助玻利维亚实现金属和化学品的工业化之路；我们可以协助玻利维亚实现成为南美的能源和工业大国的梦想。①

玻利维亚是从零开始还是追随德国或中国的发展道路，

---

① Jemio, M., 2020. *Bolivia rethinks how to industrialize its lithium amid political transition.* [online] Dialogo Chino. Available at: < https://dialogochino.net/en/extractive-industries/35423-bolivia-rethinks-how-to-industrialize-its-lithium-amid-political-transition/ > [Accessed 13 April 2021].

还有待观察。在玻利维亚，锂资源比世界上任何其他地方都更具政治和社会意义，无论谁成为这个国家最成功的锂开发商，都需要首先处理该项目的软性因素。当地社区和政治利益相关方的参与、该地区的基础设施和教育投资，进程的透明度以及与民众的沟通都至关重要。这项任务在公共关系层面上可能和在工程层面上一样困难重重。

第五章
我们真的在让世界变得更好吗?

你有枪,你不需要薪水。

——蒙博托·塞塞·塞科,刚果民主共和国前总统

锂资源不属于冲突矿产。从锂矿开采中获得的收入从未支持过武装组织的活动。锂矿也不能通过手工开采,或者由童工进行开采作业。由于锂矿床的地理位置和锂开采过程的复杂性,锂矿开采的过程不太可能有所改变。电池当中要使用的第二种重要的金属——钴——就不同于锂了。全球市场上约60%的钴来自刚果民主共和国〔简称"刚果(金)"〕,这是一个面临种种危机的中非国家。

在生活质量、经商环境、人口识字率和人均GDP等方面,刚果(金)在全球的排名通常很低。然而,该国却是地球上最腐败的国家。该国在1998—2003年间经历的大冲突经常被称为"非洲大战"(Great African War),波及了大

第五章 我们真的在让世界变得更好吗？

量的国家和非国家组织，导致了重大的伤亡率。尽管战争已经正式结束了，但一些非国家武装组织仍在活动（截至2020年），给刚果（金）的人民造成了严重的心理创伤，给刚果（金）的社会留下了持久的印记。

刚果（金）的国土面积大致相当于西欧，而人口数量则接近于德国。长年的冲突和疾病导致该国人的平均寿命在18岁左右。该国首都金沙萨位于最西部，而中部则被浓密的森林所覆盖。几十年来，毗邻卢旺达的东部领土一直是游击战的战场，战争的激烈程度时强时弱。刚果（金）可用的道路很少，大多数人通过纵横交错的轮渡和航空运输网络往来于全国各地。该国基础设施严重缺乏，再加上丛林、沼泽和水域等天然屏障，使该国难以保持统一，从而也限制了对东部地区的资金投入。此外，还导致了刚果（金）政治舞台的区域主义倾向。现任总统费利克斯·齐塞克迪（Félix Tshisekedi）领导下的相对弱势的政权常常被解释为是由于缺乏刚果（金）26个省的支持。他的前任，以及刚果（金）政坛中的大多数重量级人物，通常都拥有强大的地区权力作为后盾。

我们最感兴趣的是该国的西南部，那里有一条长300千米、宽30千米富含铜钴的资源带。几十年来，这里一直属于加丹加省，直到2006年，约瑟夫·卡比拉（Joseph Kabila）总统为了保住政权，进一步划分了该国的省份，将加丹加省分裂为坦噶尼喀省、上洛马米省、卢阿拉巴省和上加丹加省。

长期以来,加丹加省一直是地缘政治活动的温床。它的财富通过上加丹加联合矿业公司(Union Minière du Haut-Katanga)极大地促进了比利时国家财富的增长。该公司从20世纪初到60年代一直在运营这里的铜矿业务。第二次世界大战期间以及战后,美国对该省丰富的铀矿资源施加了保护措施,以免落入纳粹和苏联的掌控之中。20世纪60年代,正当刚果(金)即将迎来期待已久的国家独立之际,加丹加省的区域保护主义者得到了比利时矿业利益者和比利时政府的资金和军事支持,致使加丹加省权力分裂,这一分裂持续了三年之久。

后来,在血腥的"非洲大战"期间,该省成为马伊—马伊武装分子(民间武装组织的泛称)和刚果民主共和国国家军队之间厮杀的战场。"马伊—马伊"一词来自斯瓦希里语,是"水"的意思,与游击队员向自己身上泼洒圣水的传统有关,这个传统仪式被认为是一种保护自己免受子弹伤害的手段。"马伊—马伊"并不指单独的军事团体,它含义甚广,可以指任何以社区为基础的游击队——通常是在面临外部威胁时以部落或村庄为单位团结起来的民间武装组织。

21世纪,武装冲突逐渐消失后,加丹加省成为中国公司对刚果(金)最感兴趣的地方。从2002年开始,中国和刚果(金)之间的贸易迅速增长。刚果(金)的公民飞往中国的广东省广州市,带回中国的纺织品、手机和家用电器,然后加价在刚果(金)国内市场上转售,加价幅度往

第五章 我们真的在让世界变得更好吗？

往往会超过100%。反过来，中国日益依赖刚果（金）的原材料，用于蓬勃发展的重工业和基础设施建设。中国对刚果（金）的铜、钴和木材的需求量特别大。

就铜资源而言，中国过去和现在都很依赖拉丁美洲的资源。就木材资源而言，中国的新贵们也可以用其他热带国家的木材来铺设他们豪宅的地板。就钴资源而言，则是另一回事了。早在2007年的时候，中国已经有85%的钴资源来自刚果（金），如今数值是98%了。但海关的确凿数据与一些电池、电子产品和电动汽车制造商的声明形成了鲜明的对比。这些制造商保证在其供应链中没有刚果（金）提供的钴材料。简单地说，除了刚果（金）以外，世界其他国家很难提供大量的钴资源。即使我们给那些公司一定的信任，并查看韩国或日本的海关数据——这两个国家在电池正极材料及正极材料前驱体的生产中占据重要地位——我们会发现它们的大部分钴（无论是原材料还是加工后的形式）都从刚果（金）或中国进口。而中国，正如我们所知，也主要从刚果（金）获取钴。

刚果（金）出口的每五吨钴中就有一吨是通过人工采矿的方式获得的。人工采矿并不一定意味着非法采矿。然而，人工采矿作业使用的是最基本的工具，比如使用铲子、凿子或镐进行挖掘。在这种作业条件下，经营者通常很少考虑矿工的健康和安全。人工采矿点是在刚果（金）的钴矿带上随意选择的。在这些地方，统计数字可能是伪造的。但是，根据各种非政府组织提供的数据，有可信的理由判定至少有 100 个人工采矿点在运营之中。矿工很少穿戴防护装备，其中许多人非常年轻，因为在刚果（金），16 岁是法定的工作年龄。矿工进入非常狭窄的、约 50 米长的地下隧道进行采矿作业。地下深处的高温几乎让人无法忍受。每天吸入的大量粉尘往往会导致硬金属肺病或引发一系列呼吸系统的问题。尽管人工采矿带来了种种的负面影响，但大多数正在调查刚果（金）矿区侵犯人权行为的非政府组织并不主张关闭人工采矿作业点，原因在于太多人的生计依赖于这份收入。在这个国家获取稳定收入的机会太稀缺了。不同的评估数据表明，仅在加丹加省，就有 70,000—120,000 人从事人工采矿作业。当然，还有许多人在该国其他地区从事人工开采锡、黄金或钶钽铁矿。在矿场工作的不仅仅是男性。在人工采矿场，女性也会从事搬运每袋重达 40 公斤的矿石，然后对矿石进行清洗和分类。法定工作年龄以下的儿童常会帮助她们。孩子们在矿场工作就是为了赚些学费。即便从理论上讲，刚果（金）的小学教育是免费的，但是教师们的工资很低，也希望家长们能拿出一些钱进行补贴。如果家长们做不到这一点，孩子们往往会在校门口被教师拦挡，无法进入课堂上课。

人工采矿作业虽然看起来令人憎恶，但却使妇女们能够赚到一点钱，让她们在家庭和社区中拥有独立生活的机会。

非政府组织和刚果（金）政府（至少在理论上）试图实现人工采矿的正规化管理。这将改善矿场的工作条件，

第五章 我们真的在让世界变得更好吗？

减轻对健康和安全的危害，使儿童远离矿区，同时保证他们的父母有足够的收入来支付孩子们的教育费用。然而在现实当中，说起来容易做起来难。

我们在前文简要描述了刚果（金）铜钴矿带长期的开采历史，这种情况导致其领土被多如牛毛的获得特许权的采矿点所分割，它们分别属于不同公司和个人的矿场。事实上，很难找到一小块有价值的土地来建立新的"模范"人工采矿作业点。即便假设政府发现了一块土地，被指定为官方认可的人工采矿作业点，然而采矿者可能仍会犹豫是否要去那里工作，其原因是：与无人监管的采矿点相比，这些地方开采出的钴矿数量或质量往往不具有吸引力。

最具吸引力的地方往往是那些属于大型跨国公司的采矿场，主要是因为那些地方使用大规模的工业挖掘机进行采矿。尾矿是对矿石中有价值的部分进行机械分离后剩下的矿区。尽管机器采矿的效率很高，但机器采矿还是会漏掉一些有价值的矿石，因为采矿过程是大规模的机械作业。人工采矿者经常会在夜间来到储存在公司矿场上的尾矿堆那里，对剩余的尾矿进行筛选。一个矿场的地盘有时会非常庞大，很难做到对其进行全时监管。当雇佣的警卫发现人工采矿者在偷矿石时，他们更有可能是分一杯羹，然后让采矿者离开，而不是去检举他们的偷盗行径。实际上，矿石的私下交易也相当普遍，即一群矿工支付一笔保证金，就能够在公司的矿场上采矿。有时采矿公司能够认识到与人工采矿者进行合作的潜在价值。采矿公司意识到机器采矿的不足，深知在微小的范围内任何机器都无法与人眼的精确度相匹敌。因此，它们允许人工采矿者在它们的矿址上进行挖掘，并优先购买人工采矿者找到的矿石。

在莱昂纳多·迪卡普里奥（Leonardo DiCaprio）主演的电影《血钻》（*Blood Diamond*）当中，人工采矿者被迫在枪口下采矿的场景令人触目惊心。不过，电影里的场景不会出现在当下刚果（金）的钴矿场，根据刚果（金）铜钴带目前的政治和军事形势，这一点是可以确定的。然而，我们不能完全排除这样的场景在过去，在"非洲大战"的动荡岁月里没有发生过。尽管如此，钴很少被归类为冲突矿产。冲突矿产就是我们所说的"3TG"（tin, tantalum, tungsten and gold）——锡、钽、钨和黄金。许多专家认为，将钴视为冲突矿产对刚果（金）的利益是有害的，事实上也是错误的。

国际法律框架不同于国家法律体系，因为前者适用于国家，而不针对公司实体或个人。它更多的是一套指导方针，纳入国家法律，并由各国自行执行。

这就是经济合作与发展组织《负责任矿产供应链尽职调查指南》（*Due Diligence Guidance for Responsible Mineral Supply Chains*）的性质。《多德-弗兰克法案》（*Dodd-Frank Act*）[①] 或许是唯一一套可能导致对采购冲突矿产的公司进行

[①] 全称《多德-弗兰克华尔街改革和消费者保护法》（*Dodd-Frank Wall Street Reform and Consumer Protection Act*）。——编者注

第五章 我们真的在让世界变得更好吗?

巨额罚款的法规。它是在2008年金融危机之后颁布的,主要目的是更好地监管金融衍生品市场。该法案中关于冲突矿产的部分已作为其附带条款被深思熟虑地纳入其中。作为"附加"条款,第1502条是非常有效力的。所有在美国证券交易所上市的公司都必须明确其供应链中使用的3TG金属是否来自刚果(金)或邻国,如果是,则必须进行尽职调查,以确定其采购是否为那里的武装组织提供资金。

幸运的是,由于对冲突矿产问题的报道越来越多,社会对这一问题的认知也越来越高,公司面临的风险不仅是财务风险,更是声誉风险。对苹果和宝马这样的公司来说,无形的品牌价值占据了公司整体估值的很大一部分。全球咨询公司英图博略(Interbrand)对宝马品牌的估值为410亿美元。该汽车制造商已决定暂时远离刚果(金)的钴资源。为了获得钴资源,宝马公司将直接从澳大利亚和摩洛哥的矿山采购钴。这绝对是一种安全的策略,也是一种聪明的公关策略。实际上,这样可以让宝马公司坦然地说:"我们与刚果(金)的童工和武装冲突没有任何关系。"但从道义上讲,这真的是正确的做法吗?

2019年,摩洛哥的钴产量仅占全球1.5%,按吨位计算,其储量仅为刚果(金)储量的0.5%。澳大利亚的钴储量要高得多,估计为刚果(金)储量的三分之一,但澳大利亚过去几年的产量只比摩洛哥高2倍。在澳大利亚,钴是镍和铜开采的副产品。从技术、经济和时间成本的角度来看,澳大利亚很难在未来10年内成为主要的钴生产国。因此，即使宝马应该设法远离刚果（金）的钴资源，但是宝马公司的做法不能被其他公司大规模地复制。因为刚果（金）之外没有足够的钴矿可供开采。

让我们做一种假设。刚果（金）仍是世界上唯一一个GDP增长率与其钴价格直接相关的国家。根据国际货币基金组织的数据，在全球市场钴价飙升的推动下，2017年刚果（金）的GDP增长率从3.7%飙升至5.8%。一般来说，刚果（金）80%的出口收入依赖于其矿产的出口。我们在这里谈论的是一个相对于人口规模而言预算极少的国家。根据世界银行的数据估计，刚果（金）的预算只能为每个公民每天提供2美元。那么，从道德角度考虑，全球最强大的公司停止向刚果（金）购买钴，这是否真的是一个好主意？

即使该国的腐败状况严重，并且耗费了钴收益带来的大量国家财政，但是基础设施、医疗保健、教育和安全等基本需求只能通过全面的和可持续的政府支出才能保证。

卡比拉家族超过21年的统治并没有提高刚果（金）商业交易的透明度。洛朗·卡比拉（Laurent Kabila）推翻了蒙博托·塞塞·塞科（Mobutu Sese Seko）的统治，这位个性鲜明但暴力十足的独裁者，以其对豹皮高级军帽的偏爱以及使刚果（金）的腐败常规化而闻名。约瑟夫·卡比拉（Joseph Kabila）在他30岁出头的年纪就接管了政权，当时他的父亲被十几岁的儿童兵警卫暗杀。考虑到洛朗·卡比拉对儿童兵的盲目信任，这一事件确实具有悲剧性的讽刺

第五章 我们真的在让世界变得更好吗?

意味。

据报道,约瑟夫·卡比拉还没有准备好接管权力(他在采访中否认了这一点),但他是他父亲的政治捐客们的自然选择。这些政治捐客不愿将权力移交给他们当中的任何一个人。约瑟夫·卡比拉有丰富的军事经验,但缺乏政治和演讲技巧。由于他在国外躲藏了一段时间,他对刚果(金)的两种主要语言——法语和林加拉语的熟练程度严重不足。

他因缺乏个人魅力和喜欢玩任天堂游戏而遭到嘲笑。事实上,"任天堂"变成了他的外号。尽管如此,早期欠缺的政治经验并没有妨碍约瑟夫·卡比拉执政,他在政坛上掌权近18年之久。同时也没有束缚他极力改善该国安全局势的举措。如今,该国的国内冲突仅限于刚果(金)的东部地区。

直到约瑟夫·卡比拉统治期间,钴才成为电池应用的重要战略矿物。从我们讲述的故事来看,约瑟夫·卡比拉与外界的两段关系引人注目:一是他与中国的联系,二是他与有争议的以色列亿万富翁丹·格特勒(Dan Gertler)的联系。

约瑟夫·卡比拉早年对中国怀有情愫,他曾在中国人民解放军国防大学就读过一段时间。这是中国的一所顶级军事院校,约瑟夫·卡比拉以政治敏感人物儿子的身份就读该校。后来,中国政府启动了丰厚的奖学金项目,大规模地资助那些出身卑微但学习优异的非洲学生。这一举措加强了中国在非洲大陆的影响力。

约瑟夫·卡比拉曾亲自负责一场由中国公司组成的财团与刚果（金）政府之间的巨额交易。交易的条款很简单——以中国对刚果（金）基础设施的投资换取中国在刚果（金）矿产开采的特许权。2008年，这笔交易的达成标志着中国在非洲大陆上留下了自己最大的足迹。中国对这个项目预计投资90亿美元，其中30亿美元用于矿业开采的投资，60亿美元用于刚果（金）基础设施的建设。

一些评论家认为，该交易对刚果（金）来说是公平的，因为至少从表面上来看，它限制了腐败的可能性。矿产开采的特许权使用费属于该国的国家财政，矿产开采特许权不以现金形式出售，因为现金很容易被刚果（金）的腐败官员中饱私囊。矿产开采特许权的使用费可以为该国换来公路、大学、医院和铁路等具体的资产。

其他人则认为中国占尽了先机。主要的批评者认为刚果（金）的矿产资源被严重低估了。刚果（金）所授予的特许权据说含有600多万吨钴和1,000多万吨铜，既有保证储量，也有可能储量。即使在目前国际市场钴价格较低的情况下，如此规模的储量中所含的钴价值仍能达到1,980亿美元左右。

在国际货币基金组织和世界银行等机构看来，该交易从措辞上看更像是一笔贷款，根据现有的债务减免计划帮助刚果（金）。国际组织在致力于取消刚果（金）前债务的同时，并不愿意刚果（金）承担更多的债务。

第五章 我们真的在让世界变得更好吗?

在该交易达成十年以后,外部观察人士对刚果(金)基础设施投资状况的评估相当负面。已经建成的基础设施往往质量较差,一些承诺的项目甚至还没有开工。

约瑟夫·卡比拉掌管的政府不仅一直在向中国出售刚果(金)的矿产资源,而且还与嘉能可公司(Glencore)和欧亚自然资源公司(Eurasian Natural Resources Corporation)等一些西方大型矿业和大宗商品公司达成了大笔的交易。

以色列商人丹·格特勒是以色列钻石交易所联合创始人的孙子,也是约瑟夫·卡比拉的私人朋友,据说他在这些交易中起到了重要作用。

格特勒在以色列国防军服役一段时间后,开始了他的钻石贸易业务。为了寻找新的财富,他在1997年去了刚果(金),当时该国正在刮着变革之风。20世纪60年代以来,洛朗·卡比拉一直在为"解放"刚果(金)而战,甚至与切·格瓦拉(Che Guevara)有过短暂的会晤,希望将古巴式的革命借鉴到中非。根据格瓦拉的说法,他在刚果(金)竞选期间遇到的所有人当中,只有洛朗·卡比拉具有民众领袖的真正品质。洛朗·卡比拉花了三十多年的时间,主要是通过武装斗争,才确保了自己在刚果(金)的政权。在洛朗·卡比拉夺权的最后阶段,他的儿子约瑟夫·卡比拉遇到了二十多岁的以色列人格特勒。洛朗·卡比拉花了两年多的时间才恢复了刚果(金)的部分秩序。在他反抗蒙博托·塞塞·塞科之后,刚果(金)陷入了一片混乱之中。他需要金钱和武器来恢复国家正常秩序。据称,格特勒这位聪明的以色列年轻人提出了一个一举两得的建议。根据联合国的一份报告,他提议让他的国际钻石工业公司(International Diamond Industries)垄断刚果(金)的钻石贸易,以便迅速将钻石变成现金,并能获得以色列的军事装备和情报信息。考虑到格特勒家族在以色列的显赫地位,确实可以做到一举两得。但是,联合国认为这一协议对刚果(金)不利,因为当地的钻石矿开采者和贸易商更愿意将钻石走私到邻国,在那里,钻石在自由市场上的价格比在垄断市场上的价格更高。

尽管如此,格特勒与约瑟夫·卡比拉的关系还是越来越牢固。随着时间的推移,格特勒慢慢成为那些想在刚果(金)获得资源的矿业公司必须仰仗的"关键人物"。他在该国促成了多笔大宗石油和采矿交易。科菲·安南(Kofi Annan)领导的非洲发展小组在报告中指控格特勒通过在避税天堂注册的公司购买价值被低估的采矿特许权,利用他与总统的密切关系,再以市场价格卖给外国公司。格特勒否认刚果(金)矿产资源的价值被低估,辩称他是在该国时局的动荡期购买的这些资产,当时并没有人愿意冒险投资这些矿产资源。

格特勒还与嘉能可共同投资了世界上最大的钴矿——穆坦达矿。后来,卡比拉和格特勒之间的关系受到美国当局更严格的审查,嘉能可决定买下格特勒所持的股份,估值为9.22亿美元。这是为了保护商品贸易巨头的利益所采取的及时举措,因为仅仅10个月之后,美国根据《马

第五章 我们真的在让世界变得更好吗？

格尼茨基法案》（*Magnitsky Act*）制裁了涉嫌行贿受贿的格特勒。

嘉能可经常被称为"你从未听说过的大型公司"，它的业务几乎涉及所有大宗商品市场，其发展历程丰富多彩，需要单独出版一本书来详细介绍。它从瑞士静谧的楚格市起家，现在已经成为一个收入超过2,150亿美元的商业巨头——这个数字高于新西兰的年度国内生产总值。它的成功在很大程度上归功于马克·里奇（Marc Rich）的非凡才华和辛勤工作。他是一位颇具争议的人物，也因其不同凡响的经历而出名。他发明了原油的现货市场，曾经"与敌人做生意"（这里指伊朗），被美国前总统比尔·克林顿（Bill Clinton）称为"可怕的政客"并获得该前总统的赦免。

嘉能可的这一举动不仅被解读为与格特勒撇清关系，也被解读为在钴资源热潮来临之前，对矿业资产所有权的巩固。有趣的是，以昂贵的价格收购了格特勒所持的股份不久，嘉能可突然宣布，它将对穆坦达矿进行为期两年的维护和保养。实际上，这将导致全球市场的钴产量减少20%。此举可能是为了提升2018年后不断下跌的钴价，并在电动汽车销量真正开始飙升时保持钴矿的产能。

锂矿开采本身也会引发争议性问题，但开采锂矿所招致的麻烦远远不及钴矿。锂矿开采的负面影响大致可以分为对环境的影响和对附近社区的影响。

如前几章所述，锂来自卤水矿床或硬岩矿床。就二氧化碳的排放量而言，"水矿开采"是非常环保的。太阳是能量的来源，它可以蒸发掉池子中的水以便浓缩锂。

不过，"水矿开采"会对盐沼周围地区人畜的饮用水造成影响，这是需要考虑的主要问题。首先需要声明，尽管卤水本身是液体，但完全不能饮用。按质量计算，卤水中盐占25%，水占75%——这似乎表明卤水中含有大量的水。让我们来打个比方，当我们按质量计算时，海水中盐的量只占3%，而我们的饮用水中只含有不到0.1%的盐。

因此，即使在干旱的环境中，失去这种极咸的水也不是一种巨大的浪费。令人担忧的是，抽走卤水会对盐沼附近的饮用水的含水层造成何种影响。水文学家研究了水的流动，并建立了复杂的水文模型。问题是，目前公众缺乏数据，还无法确切知道究竟会造成什么影响。开采锂矿的公司收集了各种数据，但公众无法在公共领域中获得这些数据。即使公众能够获得这些数据，也永远无法知道它们是否准确。此外，公众还缺乏对比数据。

最糟糕的一种情况是在抽取卤水时，盐沼外围的饮用水可能会被吸入。从外行人的角度来看，这种情况似乎是合情合理的，但我们不知道是否真的发生了这种情况。在法庭上，除非一个人被证明有罪，否则就是无罪的。当矿业公司与监管机构打交道时，情况可能正好相反。比如，一家智利的锂生产商申请扩建的计划在环境法庭上被驳回，仅仅是因为该公司无法证明饮用水的含水层没有受到影响。

无论是否进行锂矿开采，盐沼始终暴露在阳光下，经受强风侵蚀，而附近水库也不断蒸发。这些自然因素的共同作用，进一步增加了评估采矿影响的复杂性。如果我们不想放弃开发动力电池的业务，那么"水矿开采"带来的负面影响是比较小的。硬岩开采则会造成较大的危害，因为从岩石中提取的锂辉石精矿需要在 1,050 度高温下焙烧，然后需要冷却，与带剧毒的硫酸混合后再加热。加热、再加热和干燥过程会产生大量的二氧化碳排放物。

淡水通常用于硬岩锂开采的浸出、浮选和洗涤阶段。根据一些专家的说法，锂辉石开采过程中的总用水量高于"水矿开采"。

同样，与研究"水矿开采"对环境造成的影响一样，我们需要更多的独立研究机构来确定整个电池供应链二氧化碳实际排放量的水平，尤其要考虑到这个行业的快速变化。阿贡国家实验室的评估报告是媒体经常引用的关于电池行业二氧化碳足迹的最权威的研究之一。该报告于 2012 年首次发布，当时大部分锂资源仍然来自卤水矿床，锂的提取过程是由太阳能驱动的。2020 年，最终用于电池的锂资源中更大比例来自硬岩矿床。阿贡国家实验室的研究表明，每生产 1 吨锂化合物，就会产生 2.5 吨二氧化碳。如今，生产 1 吨锂化合物产生的二氧化碳比 2020 年高出 7 倍以上。

即使采用"水矿开采"这种"绿色"生产方式，随着电池世界从使用碳酸锂过渡到使用氢氧化锂（工艺更复杂，应用于高性能电动汽车），二氧化碳的排放量也增加了 2 倍。

还需要考虑"水矿开采"过程中所使用的试剂对环境带来的影响。蒸发工艺需要使用大量的石灰和苏打灰。苏打灰被认为是无毒的,它被用于发生酸泄漏的地区。但是,在使用苏打灰的时候仍需要小心处理,因为吸入苏打灰粉尘是危险的。石灰用于去除镁杂质(镁杂质对电池级锂的质量有负面影响),但石灰的使用引起了玻利维亚环保人士的担忧。他们担心含有镁残留物的淤泥堆积如山,会破坏原始的盐沼景观。

在拥有世界上最大锂辉石矿的西澳大利亚州,锂提取后遗留下来的废物已经成了一个严重的问题。总的说来,采矿始终是一个侵入性的过程。为了得到需要的东西,无论是锂还是煤,要撕开地球的表面,这就会留下伤痕累累的土地,到处是矿坑和尾矿堆。

西澳大利亚州的达达努普是一个传统小镇,坐落在富饶的、风景如画的葡萄种植区。自从锂矿开采业繁荣发展以来,小镇以外的地区变成了世界上最大的锂辉石尾矿的最终存放地。按照计划,每年有60万吨矿石加工后的废物倾倒在那里。毫无疑问,当地社区的居民对此做法肯定很不高兴。

当我们将目光转向价值链上游,进入电池材料转化为正极材料(锂离子电池的核心)的阶段,我们会发现,二氧化碳的排放问题仍在继续。正极材料前驱体需要煅烧(即在极高的温度下加热),需要在从不熄火的大型窑炉中进行多次加热(因为点火和熄火是不划算的)。

世界上的锂辉石精矿加工和正极材料生产均由中国主导,所产生的污染实际上已经成为中国的环境问题。中国

第五章 我们真的在让世界变得更好吗？

的二氧化碳排放量很大，约占全球总量的30%。当我们看待碳排放的问题时，应该从其规模和强度来考虑。例如，中国生产的氢氧化锂和正极材料的数量远不及推动该国建筑热潮的水泥数量。

据估计，2019年中国氢氧化锂的产量为76,000吨。如果我们假设生产每吨氢氧化锂产生15吨二氧化碳，那么这部分排放到大气中的二氧化碳量将超过110万吨。与此同时，中国生产了22.5亿吨水泥。生产一吨水泥所产生的二氧化碳排放量比生产一吨氢氧化锂所产生的二氧化碳排放量少7倍。

我们可以做更多的工作，以便让整个锂离子电池的供应链从矿山到电池组的过程变成可持续性的发展过程。但最终，电动汽车的环保程度将取决于为其提供动力的电力系统。中国电网主要依靠煤炭发电，煤炭发电占发电总量的近65%。根据国际能源署（International Energy Agency）2020年第1季度的最新数据，中国的可再生能源占28%，核能占5%，天然气仅占3%。为了便于比较，2020年，德国24%的电力总量来自煤炭发电。煤炭发电的过程特别麻烦，它产生的二氧化碳是其他化石燃料的2倍。

在过去的几年里，中国几乎占全球可再生能源产能增长量的一半。然而，考虑到中国的能源需求不仅受其巨大人口量的刺激，更重要的是受其庞大的工业基础的刺激，如果要达到像德国那样，一方面实现更加绿色环保的经济，另一方面又要保持高度工业化经济体的水平，中国要打一场艰苦的硬仗。考虑到中国的煤基电力生产过程和电池生产过程，电动汽车每千米的碳排放量与传统汽车相比污染环境的程度不相上下，甚至更甚。

不过，电动汽车的发展是一个不断变化的过程。2012年，美国只有不到一半的人口生活在电动汽车的平均碳排放量低于高效燃油车的地区。但是，到了2020年的时候，几乎每个人都住在这样的地区。那么你开什么样的电动汽车以及住在什么样的地方，在很大程度上决定了你减少二氧化碳排放量的多少。有时候，你在减少温室效应方面所做的改变是微乎其微的。但是，如果你在加州驾驶一辆崭新的特斯拉电动车，那么你的碳足迹可能比最节能的汽油车低60%。

然而，不仅仅是新兴经济体面临着煤炭衍生能源会导致环境污染这一问题。作为电池技术的摇篮，日本在许多领域都是高科技的领军国家，在半导体、机器人、特种化学和先进材料等方面都取得了显著成就，但该国却仍然依靠煤炭发电。在日本，近三分之一的电力来自煤炭。日本与石油的关系错综复杂。20世纪70年代之前，石油是其主要的能源来源。后来，石油输出国组织成员国对在斋月战争中支持以色列的国家实施石油禁运，日本因此受到影响。从那时起，煤炭一直是日本电力的基本来源，再加上核能发电提供了一些支持。但是，福岛核事故后，核能发电失去了吸引力。日本在可再生能源方面的开发相对较慢，主要由于该国的地质情况。崎岖的地形不适合太阳能电池板

第五章 我们真的在让世界变得更好吗？

的安装，而且由于靠近海岸的海床非常深，这使风电场的建设遭遇了挑战。日本的能源结构在短期内不会有太大变化。到 2025 年，另有 22 座燃煤发电厂投入建设之中。

然而，不应该只关注汽车发动机造成的温室效应。事实上，即使二氧化碳含量相对较高，也不会对人类的健康产生实质的影响。反而要更关注可吸入颗粒物和二氧化氮，它们也是汽车的排放物。现代发动机的排放是极其有害细颗粒物（PM2.5）的来源。这些颗粒的直径小于等于 2.5 微米，很容易穿过人体鼻区和肺部的天然防御系统。人体的防御系统可以有效地过滤较大的颗粒，却不能阻挡微小的颗粒。虽然气候变化是全球性的问题，我们需要考虑排放的总体水平来解决这个问题。但是，从健康的角度来看，你所在的社区的电动汽车数量是至关重要的。二氧化氮污染物质在空气中停留的时间不到一天，而且不会传播很远。同样地，即使是最小的可吸入颗粒物也只能从其源头向外辐射数米。但由于它们体积微小，所以表面附着的汽油或柴油的金属微粒很容易进入人体的血液中。这些金属微粒可能致癌，还会引起或加重哮喘病。现有的研究结果指出，在二氧化氮和可吸入颗粒物水平远高于正常水平地区长大的儿童的肺活量会减小。因此，即使你不能完全肯定购买电动汽车是否有助于减缓全球变暖的速度，但可以肯定的是你将有助于改善你和孩子们呼吸的空气质量。

除了钴和锂之外，还有一些金属是更受欢迎的电池类型所要用到的原材料。石墨是关键的负极材料，而镍在镍钴锰酸锂电池的正极材料中起着非常重要的作用。事实上，埃隆·马斯克（Elon Musk）曾指出，"锂离子电池"这个名称不够准确，因为特斯拉使用的镍钴锰酸锂电池中，镍和石墨的含量比锂多得多。[①] 然而，镍和石墨的市场需求主要通过非电池应用领域的推动，特别是钢铁制造业。镍能提高钢的强度、韧性和抗腐蚀能力，而石墨则用作钢锭的保护剂，也用作冶金炉的内胆。镍在电池中的使用约占其总需求的3%，相当于近250万吨。因此，对于大多数镍矿和石墨矿经营者来说，电池行业对于镍和石墨的应用是一个新的、令人兴奋的需求来源。但从更大的视角来看，也许它们又没有想象中那样重要，原因在于并非每个镍或石墨行业的经营者都有适合电池业的产品，因为电池并不需要镍，而需要硫酸镍，它是一种经过加工的镍的衍生物，一直是一种不起眼的小众产品。这样的情况令这两种金属的应用变得更加复杂。

这真的不是一场金属间的竞赛，但石墨和镍行业对环境的影响似乎超过了钴和锂。石墨，和你在铅笔中发现的物质几乎是一样的，是碳的一种形式。一切与碳相关的东西从定义上来说都与"脏"脱不了联系，除了钻石。如果

[①] McCarthy, N., 2018. *China Produces More Cement Than The Rest Of The World Combined [Infographic]*. [online] Forbes. Available at: < https://www.forbes.com/sites/niallmccarthy/2018/07/06/china-produces-more-cement-than-the-rest-of-the-world-combined-infographic/? sh = 74122ff36881 > [Accessed 13 April 2021].

第五章 我们真的在让世界变得更好吗?

施加足够的压力和温度,石墨理论上可以转化为钻石。石墨可以从自然界开采,也可以人工制造。对于电池的应用而言,两种途径获得的石墨都是可行的。由于自然界开采的石墨要便宜得多,因此这种石墨通常是负极活性材料生产商的首选。无论是哪种途径获得,石墨通常以片状的形式生产。为了适合负极材料,需要进一步的成型和纯化。像其他开采物质一样,开采石墨比后面的化学处理步骤更容易。中国是目前世界上最大的石墨开采和加工国。莫桑比克最近才成为一个重要的石墨出口国,该国开发了一个石墨矿,显然是为了满足电池行业的应用需求。德国人发明了石墨的化学处理步骤,但他们并不想申请专利,因此中国商人全面介入此行业并几乎接管了全球的石墨生产。发达国家对此并不介意,因为石墨的生产过程会造成污染,而且利润很低。中国使用廉价的劳动力替代机械生产过程,从而提高了利润。他们也没有拒绝大量使用氢氟酸,这是石墨加工的一个组成部分。中国的马山是石墨产业的关键地区之一。一些人显然对他们的选择感到特别自豪。广告牌上宣称石墨是一种绿色的高科技材料,是一种促进变革的材料。

变革是为了过上更好的生活,但马山的情况并不是这样的。该地区符合人们通常会联想到的中国景观。它看起来就像是从中国的水墨画卷里展现的那种样子——绿油油的稻田被奇异的、连绵的圆形山丘所环抱。在石墨加工厂搬来之前,马山一直以农业和旅游业为主。过了一段时间,当地人才开始注意到石墨生产带来的明显迹象。空气中充满了浓重的煤烟,农作物开始受到影响,房屋附近长年使用的水井里的水不再适合饮用。

"天高皇帝远"是一句古老的中国谚语。像马山这样开采或加工原材料的地方,地处偏僻之地。这里远离媒体、非政府组织和独立于地方势力的权威人士。

《华盛顿邮报》(Washington Post)的记者首先将马山石墨引发的环保问题做了报道。人们可能会认为,真正的危险是不太可能发生的。但一名分析师调查了一家中国银矿公司的卖空行为。也许这一备受瞩目的案例可以当作一种警示。卖空者借入他们认为股票估值过高的公司股票,并立即以高价卖出。然后,他们等待其他股票市场参与者做同样的事情,以便以更低的价格买回原来的股票,从差价中获利。有时,他们通过发布报告,陈述他们看跌目标公司的理由,人为造势降低股票的价格。一些中国的公司,通过在西方国家注册和上市,在西方证券交易所寻求资本。它们很快就因为发布——委婉地说——过于乐观的年度或季度报告而损坏了公司的名誉。

高功率电动汽车电池所需的最后一个关键元素是镍,它对环境也有负面影响。典型的例子是俄罗斯的诺里尔斯克,该地既有镍矿也有冶炼厂。2016年冶炼厂关闭之前,诺里尔斯克一直被评为俄罗斯乃至全世界污染最严重的城镇。与此同时,镍矿的精炼作业每年造成100多万吨二氧化硫排放。当地居民有时候喘口气,都会感觉嘴里有一股硫硫味。

目前，诺里尔斯克镍业公司（Norilsk Nickel）在提高可持续发展方面进行了大量的投资，部分原因基于俄罗斯政府面临的环境压力，部分原因是为了与投资者的预期保持一致。如今，大型投资基金项目常常需要遵循一项强制性指令——投资在环境价值方面评分较高的证券。尽管如此，意外仍有可能发生。2016年，诺里尔斯克附近的达尔迪坎河变成了红色，就像《圣经》里描绘的灾难性场景。原因是大雨导致废水溢出了矿井的过滤坝。

世界上最大的两个镍矿商分别在印度尼西亚和菲律宾，它们对其镍业的发展采取了不同的做法。印度尼西亚试图将自己定位为电池和电动汽车生产的中心，希望有一天能为澳大利亚、韩国和日本这样的高端市场供货。直到不久前，印度尼西亚的主要模式还是在国内开采镍矿，然后将镍矿石运到中国进行加工。现在，印度尼西亚想在国内进行加工以便提升产品的附加值，但同时也要为此付出较高的环境成本。

另一方面，菲律宾总统罗德里戈·杜特尔特（Rodrigo Duterte）措辞强硬，他提出如果镍矿开采商不整顿好他们的开采业务，将"向采矿商征收致命的重税"[1]，让他们为自己的行为付出沉重的代价。在他的任期内，该国41家矿

---

[1] Cruz, E., 2017. *Philippines' Duterte warns miners*：'*I will tax you to death*'. [online] Reuters. com. Available at：< https://www. reuters. com/article/us-philippines-duterte-mining-id USKBN1A90Xd > [Accessed 14 April 2021].

业公司中有28家在环境审计后被关闭。这些矿山占菲律宾镍产量的一半。据报道，这些矿山因为周边的河流和田地被含镍的红土污染而被关闭。

印度尼西亚和菲律宾都以生物多样性、原始热带森林和珊瑚礁而闻名，也都是小丑鱼的家园。小丑鱼是热门电影《海底总动员》（Finding Nemo）的主角。说到海底，最令人震惊的大概是矿业公司采用的深海尾矿处理方法，即将采矿废物或加工废物倾倒入海。印度尼西亚已经有了这样做的公司。那些拥有地下管道冶炼设施的镍矿商显然希望采用上述深海尾矿处理方案。在2020年1月，两家镍生产商向印度尼西亚海洋和投资统筹部（Coordinating Ministry for Maritime and Investment Affairs）提交了深海尾矿处理方案。方案内容大概是在海底150—250米处通过一个管道排放网络向珊瑚礁三角区水域倾倒数百万吨尾矿废物。

在印度尼西亚，并不是所有人都会像政府一样对电池经济感到欢欣鼓舞。卡巴那岛的居民意识到一个事实——他们正住在镍矿，岛上的红土是明显的标志，但他们却将世代居住的土地登记为旅游村。对采矿者到来的恐惧促使他们想方设法保持自己土著文化的特色，例如，即使游客的兴趣并不高，他们还是会组织一年一度的节日庆祝活动。

所有的采矿作业都不可能做到完全无害。根据定义，采矿业是一个有影响力的行业，因为只有通过纯粹的外力，才能利用地球的自然宝藏来建设我们的文明。作为一个社会，我们极度依赖采矿业和化学加工业。我们日常拥有和

第五章 我们真的在让世界变得更好吗？

使用的几乎所有物质，要么依赖于来自土地的元素，要么经过某种化学处理。电池，虽然具有其复杂性，但也没有什么不同之处。其中的重要问题在于信息和监督。我们需要客观的数据来做出明智的决定，在大多数情况下，从环境的角度来考虑，我们需要做出对环境影响较小的决策。如有必要，我们还需要一个独立的监督机构来执行决策。目前还没有这样的独立监督机构。整个社会仍处于普遍不知情的状态，人们倾向于相信没有实质内容的绿色环保口号。在天平的另一端是环保活动家，他们出面阻止商业活动，但却提供不了任何替代方案。目前的政策主要是权衡各方的利益。日益膨胀的商业利益经常与激进的环保理念发生冲突，产生的结果，即使不能保持天平两端平衡，至少也引起了外界对这个行业的关注。

值得注意的是，一个由极客、独行侠和企业家组成的全球性团体正在崭露头角。他们寻求一条折中的道路，试图减少采矿业对环境的影响。他们并不完全拒绝化工行业，但希望至少能够终止采矿环节。将自然资源的开采转变为城市开采，是我们将在下一章讨论的内容。

第六章
城市采矿

简·雅各布斯（Jane Jacobs）是一位博学多才的女性。虽然她未曾接受过完整且正规的教育，但她知识渊博，涉猎法学、动物学和经济学等多个领域。她拯救了苏豪区（SoHo），使其免于成为《下曼哈顿高速公路计划》（*Lower Manhattan Expressway*）的改造对象。她认为"郊区"具有寄生特性。

她嫁给了一位设计战机的男士，并出版了《美国大城市的死与生》（*The Death and Life of Great American Cities*，1961年）——就城市规划而言，这是一部开创性著作，她书中提出了"社会资本"和"城市采矿"等术语。简·雅各布斯在20世纪60年代末宣称，城市可能会"成为巨大的、丰富的和多样化的原材料矿藏。这些矿藏不同于现在发现的任何矿藏，被开采得越多、时间越长，它

第六章 城市采矿

们就会变得越富有"①。

事实上,如果把在我们的文明中起重要作用的金属,如金、银、铅或锌的储量与它们在各种应用实物或垃圾中所含的数量相比较,我们就会发现后者的储量更多。

更重要的是,我们使用的物品中所含的金属比重高于它们在地下未开采的原始状态。电池材料也不例外。如果你想生产一吨锂,你需要处理 250 吨锂辉石矿石或 750 吨卤水。在这个过程中,你会产生大量需要处理的剩余物。如果你看看用过的锂离子电池,只需要 28 吨这种材料就可以得到一吨锂。在理论层面上,这是一种显著的高利用率。

对于那些习惯于处理稀缺资源的国家来说,地表上丰富的金属及其浓度绝不会被他们忽视。在某种程度上,资源稀缺限制了日本的发展道路。狭小的东京公寓象征着该国土地和住房稀缺的特点,这几乎已经成为该国流行文化的一个元素。20 世纪 80 年代,日本房地产价格达到顶峰时,有人估计,日本皇宫的价值可能超过加州所有房地产的价值总和。

但是,很少有人知道的事实是,日本还面临着饮用水资源的匮乏。这听起来似乎不合常理,因为日本是一个岛国,而且日本恐怖电影中似乎总在下雨。但日本是个多山的岛国,这意味着河流很短。同时,降水主要集中在台风

---

① Jacobs, J., 1970. *The economy of cities*. New York: Vintage Books, pp. 110 – 112.

季节，并且雨水会迅速流入大海。事实上，日本非常干旱，日本首都圈的人均可用水量与北非和中东地区的水平相当。

日本的自然资源也很贫乏，它是石油、煤炭和液化天然气的三大进口国之一。中国和印度通常是国际市场上最大的能源进口国，但与中国和印度相比，日本的国土规模小得多。

城市采矿理念能在日本扎根并不奇怪，甚至日本声称这是日本原创的理念。据日本方面的消息，日本东北大学选矿与冶金研究所的南条道夫教授在20世纪80年代提出了这个术语，可以说他是城市采矿理念的创始人。

冠状病毒大流行加剧了城市采矿趋势的发展。日本拥有约1.27亿人口，工业基础雄厚。但是，当金属运输被推迟、商务往来减少时，日本感到了一种孤立感。与此同时，日本人对电子产品的迷恋——从机器狗到游戏机——导致每年都有成堆的电子垃圾被丢弃。据估计，日本电子垃圾中的黄金量比南非的黄金储量还要高。

该国的电子废物回收行业已从2005年的10万吨增长到现在的30多万吨。政府正在支持该行业成长为一个高利润的经济部门。这不仅仅是一项环保举措。从旧电路板中回收黄金和白银，或者从城市垃圾中回收铜，已经给日本带来了丰厚的回报。

奥运会是展示主办国综合实力的最好时机。针对2020年东京奥运会，日本计划进一步加深其拥有高科技和可持续环境的国家形象。丰田计划向全世界展示第一辆由固态电池驱动的汽车。这项技术将提供更高的安全性和能量密度，也需要消耗更多的锂。日本还计划让自动驾驶汽车载着游客四处旅行，其规模在日本是前所未有的。此外，日本还计划只用回收的金、银和铜制作奖牌，颁发给运动员。

尽管日本在其他金属回收方面取得了成功，但锂和钴的回收仍处于初期阶段。日本开启了汽车电气化之路，并设定了"到2050年，日本汽车制造商生产的每一辆汽车都要实现电气化"的目标。但不知何故，这个目标在发展过程中被停滞了，日本的汽车业转为依赖混合动力推进系统，纯电池驱动的电动汽车只占据了很小的市场份额。与中国、欧盟或美国相比，日本似乎并不愿意发展全电动汽车。

这让人想起了无现金支付方式在日本的发展情况。日本是最早可以实现不用现金支付的国家之一，但现在该国的无现金支付率却落后于英国、韩国和波兰。

本田（Honda）和丰田（Toyota）等日本主要的汽车制造商长期以来一直不愿意转向发展锂离子电池驱动的汽车。特别受市场欢迎的丰田普锐斯在2019年生产的一些车型中仍然使用镍金属氢化物电池。不过，在过去的十年里，这种类型的电池在电动汽车的市场份额中遭受了巨大的冲击。

由于日本全电池动力汽车的低迷产量和汽车业对镍金属氢化物电池的长期依赖，那些希望回收钴和锂的电池回收商对日本市场失去了兴趣。尽管如此，日本并不缺少渴望进入回收行业的公司，它们更关注未来，而不是现在。

日本矿业和金属公司（JX Nippon Mining & Metals Corp.）是其中的先驱之一。该公司的核心业务是传统的铜矿开采和冶炼，现在转向了半导体和电池的电子材料。早在 2010 年，该公司就在日本敦贺市启动了试点工厂，期待能够从锂离子电池废物中回收钴、锂、镍和锰。

  回收的过程是这样的：首先从废弃电池中手动拆除外壳和连接器。然后将电池放入熔炉中，以蒸发液体电解液。剩下的材料被碾碎，变成或细或粗的黑色粉尘。该粉尘内含有正极材料贵重金属。根据粗细差异，很容易将它们分离。在下一个步骤中，使用浸出工艺从细粉尘中提取金属。浸出工艺如同泡一杯茶或咖啡，是用液体从固体物质中提取物质的过程。正如用热水从磨碎的咖啡豆中提取咖啡一样，溶剂也是从含有正极材料的细电池粉尘中提取镍、钴和锂金属。

  自 2010 年以来，该公司就瞄准了来自手机和笔记本电脑的锂离子电池废物。据报道，在此期间，该公司每年能够回收约 100 吨钴和镍金属。

  电池回收业存在的主要原因是能够获得锂离子电池废物，以及其中所含能卖上价的几类金属。电动汽车电池的寿命很难确定。对于较老的电动汽车车型，其电池的平均寿命在 5 到 8 年之间；对于较新的车型，汽车制造商承诺锂离子电池可以提供长达 15 年的无忧保障服务。电池的寿命在很大程度上取决于使用强度，比如，充电次数、行驶里程。还有气候因素，因为电池在极端温度下会加速老化，电动汽车电池组在雷克雅未克或迪拜的使用时间可能比在伦敦更短。讨论电池耐用性的专家们是按充电的周期来思考这个问题的。充电周期是一个有点棘手的概念。一般来说,一个充电周期意味着用完电池的全部电量。然而,锂离子电池的容量不是恒定的,它会随着使用时间的增加而减少。电动汽车和一些高端电子设备需要至少75%—80%的初始电池容量才能正常工作。当电池的容量低于此阈值时,就需要更换电池了。让我们回到循环这个概念——如果今天用掉了70%的容量,一夜之间将其充至满容量,然后在第二天晚餐前又用掉了30%,则表示完成了一个完全充电周期。在计算充电周期时,中间充过一点电的事实被忽略了。电池充电周期的时长经常被视为重要的参数,是以完成周期的次数来表示的。

中国将成为第一个出现大量电动汽车废弃电池的国家。2014年中国电动汽车的销量首次以"万"为单位计量,2018年销量首次突破了100万辆。2019年,中国的电动汽车在全球的销量超过了200万辆。

如果加上8.512亿智能手机用户,再加上中国所有的笔记本电脑和平板电脑,这就会导致严重的城市废弃电池积压问题。预计第一波废旧锂离子电池"海啸"将在2025年之前席卷中国,届时第一批大规模销售的电动汽车的锂电池将成为老掉牙产品,被市场淘汰。

大量积压的废弃电池存在很高的潜在风险,即便储存在垃圾填埋场的电池不会造成严重的环境风险,也很难完全避免它们引发大规模的火灾。此外，它们还可能泄漏有毒的电解液，污染土壤和地下水源。但中国似乎已准备好了应对办法。即使应对办法对环境可能不产生积极影响，但至少不会污染环境。要从法律、经济和技术的角度来解决问题。

在新技术领域，如果说中国有值得关注的国家机构，那就是工业和信息化部。该机构组建于2008年，正值中国科技崛起的时候。该机构成了中美科技竞争中的主角之一。它的角色不仅是监管，它还负责制定"中国制造2025"计划。该计划是一项全国性战略，旨在使中国从"世界工厂"转变为技术强国。该机构负责中国的一切高科技产业，包括人工智能、5G、电池和电动汽车，以及电池和电动汽车淘汰后的再利用，进行战略规划、政策制定等工作。

早在2018年，工业和信息化部就发布了《新能源汽车动力蓄电池回收利用管理暂行办法》，让汽车制造商承担回收废旧电池的责任。相关法规还要求电池生产商负责根据国家标准对电动汽车的电池进行编码，并与有关部门共享数据，以确保每个电池的生命周期都有一个完整的、可追溯的系统。正如一位致力于倡议回收废旧电池的欧盟官员所说的那样，在欧盟，你早餐吃的每一个鸡蛋都可以追溯到农场的信息。如果像鸡蛋这样价格低廉且生命周期短暂的产品都能实现信息透明的话，那么锂离子电池也应该可以做到这一点。中国很快就把"应该"变成了"必须"，而且已经落实。

第六章 城市采矿

在电池上标上序列号有助于其拆卸过程。回收过程的自动化和简化程度越高,成本就越低,电池也会变得越便宜,而且它的应用就会变得愈加普及。降低回收成本最大的障碍来自锂离子电池的不同形状和大小。如果我们不考虑电子设备的种类,就电池本身而言也是形状各异的,因为不同型号的笔记本电脑、平板电脑和智能手表使用不同的电池,数不胜数。同样,我们也会被不同类型的电动汽车的电池所困扰。有人可能会认为,像汽车这么大的商品,要实现电池的标准化不是一件难事,至少在形状和尺寸方面是这样的。然而,到目前为止,情况并非如此。汽车制造商认为,不同形状的锂离子电池适合他们生产的不同车型,因为他们希望在这个仍然相对年轻的行业中获得竞争的优势。跨产品标准化仅常见于成熟市场。

电动汽车的电池组是由电池模块组成的。事实上,电池组只是电池模块的集合,电池模块是由单体锂离子电池组成的。这些单体电池可以是圆柱形、棱柱形或袋形(软包形)。圆柱形锂离子电池类似于我们生活中常用的 5 号碱性电池,为能耗较低的设备(如指针式挂钟或遥控器)供电。这些圆柱形电池也有不同的尺寸,即使同一个电池生产商也可能生产不同尺寸的电池。特斯拉在引人关注的"电池日"上大力宣传其新的 4680 型"胖"电池能提供卓越的电化学性能,部分原因是这款电池尺寸更大,直径 46 毫米、长 80 毫米。这足以证明,在尖端的电池行业中,工程方面细节上的些许调整可以让汽车制造商获得更大的竞争优势。棱柱形电池在汽车制造商中也很受欢迎，它让人想到长方形的乐高积木。由于棱柱形电池的体积比圆柱形电池的大，因此组装电池模块和电池组所需的单体棱柱形电池更少。第三种电动汽车电池是袋形（软包形）电池——想象一下，打开一个纸盒，里面有一个整齐地装在银袋里的小平板电脑的情景。或者想象一下饮食补充剂的密封包装袋。它们与电动汽车袋形电池的外观非常接近。

人们需要一个真正聪明的机器人来分离和拆除这些形状不同的废旧电池。然而，那样的机器人现在还不存在。机器人识别物体的功能被称为"机器视觉"。机器视觉系统使用相机来观察物体，并使用计算机算法来处理和分析图像，然后指示机械臂按照数据采取行动。目前推动机器视觉进步的算法主要基于机器学习——专门研究计算机怎样模拟或实现人类的学习行为。计算机通过经验自动改进能力。在一个著名的编程比赛中，机器学习算法系统被输入了25,000张带有标签的猫和狗的图片，其目的是学习两种动物的区别。然后，12,500张未标记的图片被反馈到软件中，并要求将它们分类为猫和狗。比赛中最好的算法能够做到这一点，其准确率为98.9%。自那以后，机器学习和机器视觉取得了进步。然而，在识别电池时，我们需要处理3D对象，这比平面图像更难分类。

2019年，苹果公司宣布扩大其回收废旧电池的计划。该公司自推出其开创性的废旧iPhone手机电池自动拆卸流水线以来，取得了实质性的进展。刚推出时，该拆卸流水线只能拆卸iPhone 6机型的电池。完整的旧iPhone 6手机必

第六章　城市采矿

须被准确地放置在拆卸流水线上，它使用29个机器人按照预编的21个步骤的程序来拆卸手机。目前，这款名为"戴西"（Daisy）的机器人可以以每小时200部的速度拆卸15款不同型号的iPhone手机。

不过，别忘了，这是一个由智能手机生产商制造的机器人，它对自己的设备了如指掌，并且编程指令是"只回收废旧智能手机的电池"。这也是中国政府立法让含锂离子电池产品的终端销售商负责回收锂电池的另一个原因，这一做法是合理的。通过标准化的序列号来标记电池对于回收废旧电池来说也是非常有帮助的，因为这些序列号将允许未来的机器人依靠电池中包含的信息工作，而不是仅仅依赖于它们不完美的眼睛去"识别"。

站在西方市场的经营者和观察者角度来讲，中国的废旧电池回收业是一个谜团。中国之外的初创企业和较成熟的公司致力于开发回收项目，这些公司表现得仿佛自己正在改变当前的世界并在建设未来的新世界，但它们的处理能力往往较小。实际上，中国将主导废旧电池回收业的未来。

中国的电池回收商大致分为两类，一类是大型公司，其规模如格林美股份有限公司或华友钴业；另一类是小型家庭经营的"夫妻店"。后者通常不处理电动汽车的电池，它们认为这类回收业务过于复杂和危险，难以操作。电动汽车电池是高电压、高容量的电池，如果处理不当，会有触电致死的风险。一般来说，全球市场上连最基本的电动汽车电池的维修和维护技能也是严重不足的。这种情况亟待解决，特别是在没有足够培训的情况下，维护或维修电动汽车电池可能会引发致命的事故。

中国小型家庭式废旧电池回收站通常依靠物理方法，只处理为电子设备供电的钴酸锂电池。在实际操作中，人工将有价值的正极材料与集电器进行分离。

另一类大型的废旧电池回收商是类似于格林美这样的大公司。格林美是废物处理业的巨头，回收塑料、主板等所有废旧物品，在中国已经处理了约400万吨废物。废旧电池回收业务只是该公司的业务之一。

该公司从废旧的电池中回收稀有金属，如被称为"制作子弹的完美金属"的钨和稀土，它们具备战略高科技方面的应用。格林美的回收网点覆盖了中国的11个省份，跨越3,000千米。通过在南非和印度尼西亚的投资，该公司的规模不断扩大，甚至在中国的"一带一路"倡议中发挥了重要作用。"一带一路"是中国提出的全球基础设施发展战略的标志性倡议，旨在通过陆地和海上连接亚洲与非洲和欧洲，同时展示中国的文化、政治和经济影响力。回收业并不属于高大上的行业，所以像格林美这样的公司往往不怎么显眼。尽管如此，据公开的消息来源称，该公司有能力处理约30万吨废旧电池。①

---

① Ellenmacarthurfoundation. org. n. d. 节约材料开启移动变革新篇章.［online］Available at：< https://www.ellenmacarthurfoundation.org/cn/% E6% A1% 88% E4% BE% 8B% E5% 88% 86% E6% 9E% 90/% E8% 8A% 82% E7% BA% A6% E6% 9D% 90% E6% 96% 99% E5% BC% 80% E5% 90% AF% E7% A7% BB% E5% 8A% A8% E5% 8F% 98% E9% 9D% A9% E6% 96% B0% E7% AF% 87% E7% AB% A0 >［Accessed 14 April 2021］.

2020年中国的废旧锂离子电池总量约达到50万吨，这对任何一家公司来说都是一个巨大的可容量。相比来说，欧洲最大的电动汽车废旧电池回收商回收锂离子电池的能力还不到1万吨。算上这家最大的回收公司在内，拥有锂离子电池回收能力的欧洲公司，或者那些公开声称要投资该领域的欧洲公司屈指可数。北美的情况并没有太大的不同。业内有传言称，中国企业正在密切关注欧洲和美国的废旧电池回收市场。

为了获得宝贵的废旧电池资源，中国回收公司面临两个选择——要么在西方国家投资新工厂，要么先买下这些废旧电池，再将它们运回中国进行处理。考虑到中国已建成的项目存在大量闲置产能，这足以用于处理这些运回国的废旧电池，因此，后者可能是一个更可行的方案。但是，废旧锂离子电池的运输远不是一件容易的事。如果你参加过回收锂电池的会议，你就会在不经意间发现有人正坐在成吨成吨的锂离子电池堆上，要知道那可是一个潜在的金矿啊。可是，这样的人通常不知道如何在不触犯法律的情况下，把这些电池安全地海运到回收贵金属的地方。

大多数重要的货运公司，包括最大的航运公司在内，都拒绝运输废旧的锂离子电池。当然，电池回收商可以去联系私人船主，如果它们愿意的话。局外人会惊奇地发现，散货航运业务中有相当大的份额掌握在私人船主或航运家族手中。在那些通常拥有希腊或挪威国籍的船主中，很可能会找到一些胆大妄为的船主，他们很愿意涉足这个有朝一日可能会火起来的业务。但是,即便那些最冒险的船主也不会把严重损坏的废旧电池装上船。因为船上发生火灾的风险太高。2020年1月,中国远洋运输(集团)总公司(以下简称"中远")的一艘船在阿拉伯海中部发生了火灾。该批货物在中国的南沙港装船,最终目的地为印度。中远公司表示,电池货物没有进行合理申报,是按照"备件和配件"申报的。

尽管事故当中没有人受伤,但船只不得不停泊在最近的港口。锂离子电池引发的火灾很难扑灭,因为燃烧的电池自身会产生氧气,这会促使火势越来越大。即使会面临被罚款的风险,但为了逃避审查而瞒报货物的情况也是航运中的一个常见问题。

然而,比起在公海上运输的废旧锂离子电池,还有更危险的货物。很少有人知道,从1969年到1990年,有160多批用过的核反应堆燃料从日本运往欧洲国家,英国和法国的设施对这些燃料进行再处理。更重要的是,再处理后留下的废物以及再加工产生的新核燃料又被运回日本。既然人类能够设法在最长的海上航线来回运输高度危险的核废物,当然从环境角度来看,这种做法是必要的或者说是值得的,那么在必要时运输废旧锂电池这样相对普通的货物来说,应该不是问题。

你或许会好奇用什么类型的包装来运输核废物。一般来说是烧瓶形状的坚固物质,每单位重约100吨。它们上面覆盖着25厘米厚的锻钢层。一个这样单独的结构里装着一组不锈钢罐，这些罐里依次装满隔离放射性物质的一层玻璃废物。但包装的重量与实际货物重量之比约为十比一。核废物的运输需要使用特殊的船舶。当然了，一定会有更划算的方法来处理电池废物。正如我们之前所说的那样，市场上有一些初创公司，能够提供特殊的容器来搬运未损坏的废旧锂离子电池，并在电池之间倒入阻燃剂颗粒以隔离它们。如果电动汽车的生产真的扩大了规模，并从市场上取代传统动力汽车，那么锂离子电池的运输和废旧电池的运输可能会成为一个有潜力的小众市场，吸引那些愿意进入这个市场，并且勇于创新的航运公司。

此外，还需要启动监管和监督的机制，以确保废旧电池不会存放在不恰当的地方。发展中国家充斥着来自世界发达国家的废物。对于城市废物管理公司来说，将各种废物长途跋涉地运往别的国家比在国内进行废物再利用更划算，因为国内废物的再利用必须遵守更严格的当地标准。将废物运往别国的做法代表了一种眼不见心不烦的心态。发展中国家当中有一些无道德底线的公司，它们往往承诺会根据创新技术处理废物。然而，当废物最终进入这些发展中国家时，原来承诺的废物处理设施往往尚未建成。在废物未经正式处理之前，它们往往会在"意外的"火灾中燃烧，向空气中排放毒气，伤害当地的民众。

如今，废旧锂离子电池的运输涉及非常复杂的文案工作，即使对较大的公司来说，这也是一个沉重的监管负担。废旧的锂离子电池既属于危险货物的范畴，又属于废物的类别。即使运输一次废旧的锂离子电池，也需要花费半年多的时间才能整理好相关的文件。然而，让人觉得自相矛盾的是，立法的复杂性反倒增加了可以被利用的漏洞。

但是，当电动汽车电池含有如此多的贵重金属时，还会有人故意焚烧或填埋它们吗？把它们扔掉或烧掉不就等于扔掉或烧掉一桶石油吗？

随着金属市场价格的波动，含有相关金属的电动汽车电池的价值也会发生变化。2019年的研究数据表明，废旧电池中所含金属的价值在每千克5美元到8美元之间。

一桶石油的平均重量是136千克。2019年平均油价为每桶64美元，相当于每千克仅为0.47美元。从这个角度来看，如果回收成本足够低的话，每千克废旧锂离子电池所含金属的价值可能高于每千克石油的价值。

格林美公司已经向中国和韩国的大型正极材料制造商销售大量的正极材料前驱体——也就是"未加工的"含有镍、钴和锰但不含锂的正极材料，问题是废旧电池中能回收多少。格林美公司最近达成的交易使该公司获得了来自印度尼西亚新开采的镍矿资源和来自刚果（金）的钴矿资源。由此看来格林美公司已经超越了开发城市矿藏的地域，进军海外市场。

迅速捕捉商机的能力在某种程度上是中国企业的特点。这些企业往往由企业家个人创办、领导并逐渐发展壮大。格林美公司是由一位专门从事回收利用的前大学教授领导，他于2001年创建了该公司。即使格林美公司以"回收未来"的口号来推销自己，它也会毫不犹豫地依靠城市矿业股票以外的其他资金来源来发展电池材料业务。据估计，格林美公司是中国电池企业精炼钴的三大供应商之一。

像格林美这种从回收公司起家，逐渐发展成为电池材料市场上领军企业的发展案例实属罕见。通常是按照相反的模式发展的。华友钴业，顾名思义，是一家钴生产商。该公司在刚果（金）拥有一座矿山，在中国拥有精炼钴的设施，其国内精炼厂的产能使该公司成为世界上最大的钴精炼商。华友钴业还运营着中国大型电池回收设施，每年能够处理数万吨废旧电池。被中国电池制造商宁德时代收购的邦普循环公司也拥有类似的废旧电池的处理能力。当然，还有其他大型废旧电池的回收商。因此，锂离子电池回收不是未来能不能发生的事情，因为国内外大型锂离子电池回收公司已经存在了，就在我们说话的时候，它们正在发挥作用。中国废旧锂离子电池回收的超强能力令世界震惊。

如果要问中国电池回收商面临着什么问题的话，那就是如何获得足够的废旧电池。但是，严格的监管制度要求电动汽车制造商妥善处理其汽车的废旧电池，这应该很快就会将电池回收商的业务转变为一个简化易行的过程。电池回收商只需要与电动汽车制造商联系，便可获得他们的废旧电池。在大多数回收市场中，缺乏集中的收购渠道是一个主要的问题。例如，有回收价值的电子垃圾通常会被放在抽屉或阁楼里，而不是交给回收商。

英语 R. I. D（rest in drawer）表示闲置不用的东西，这

概括了回收行业面临的普遍现象。那些早就不再使用的电子设备,却永远不会送到回收商的手里。不愿意把不再使用的笔记本电脑扔进垃圾桶的行为背后有着很强的心理动机。人们很容易担心个人数据最终落入坏人之手,也可能是因为很难丢弃五年前花了一大笔钱购买的物品,即使它不再令人满意,但仍然可以继续使用。

想象一下10年后中国回收业的发展情景一定很有意思。会不会出现回收商之间的价格战?是不是出价最高的回收商才能得到废旧电池?或者刚好相反,汽车制造商将不得不支付那些烦人的废旧电池的处理费用。也许中国政府会介入回收业并对回收业提供政府补贴,以确保贵金属得以回收,并使有价值的废旧电池留在国内。这些相互冲突的情况在未来不太可能得到十全十美的解决方案。

对于投资大型废旧电池处理设施的公司来说,他们仍然担心动力电池的使用寿命比预期的更长。在中国,你可以找到为电动汽车提供电池再利用服务的创新性企业。事实上,锂离子电池容量衰减是电池退化不可避免的一部分,每增加一次充电周期就会发生一次容量的衰减。但是,作为电动汽车驱动力的巨大电池组只是由单体电池组成的模块的集合,它们是很容易实现再循环利用的。如果电池组容量降低到70%,此时电池组通常就无法再使用了,则可以更换模块内单体退化最严重的电池,以使平均电池组容量接近100%。由于电池组内的所有电池不太可能均匀衰减,上述这种简单的处理方式可以使电池持续使用时间更长。

另一个可能让回收商担心业务量不足的威胁来自电池的再利用或"第二次生命"的创想。从环境和可持续发展的角度来看,采用所谓的"回收阶梯"的方式是合理的想法。这个概念是由一位荷兰政治家在1979年提出的,并将废物管理方案从最环保到最不环保依次进行了排序。按不同的性能要求对一件物品进行再利用的方法,对环境造成的影响是较小的。因此首先尝试这样的做法则更有意义。所以说,与其立即用火和酸处理掉废旧电动汽车的电池,以便在回收过程中收集金属,还不如将其用于储存能量,储存能量对它的性能要求比为汽车提供驱动力更低。此外,这样的做法对环境的影响会更小。

从理论上讲,可能性是无限的:聚合的废旧电动汽车电池组可以为可再生能源厂(如风能或太阳能发电厂)、医院和数据中心的备用电力进行储能。这样的解决方案可以降低成本并帮助地球减少浪费。在欧洲和美国,许多初创企业正凭借这一理念吸引潜在的市场客户。中国在热情高涨的国有企业中国电信的帮助下,已经在大规模地实践锂离子电池的再利用工作了。到2020年年底,中国将接近实现铺设50万个5G基站的目标。其中一些将使用再利用的锂离子电池作为备用电源。工业和信息化部宣布,这一水平的5G站点密度将使中国5G用户达到6,000万。[1]

---

[1] Zhang, J., 2020. *China on track to hit target of building 500,000 5G basestationsthisyear*. [online] SouthChinaMorningPost. Availableat: < https://www.scmp. com/tech/gear/article/3100491/china-has-reached-about-96-cent-its-target-build-500000-5g-base-stations > [Accessed15April2021].

在大规模5G网络建设之中，资源再利用的方案之一就是从市场上回收大量的废旧锂离子电池。作为备用电池，它们不太可能在加速或频繁充电循环过程中经历强大的放电——这是它们作为电动汽车动力电池第一个生命周期中所经历的典型强度。因此，再利用电池的使用寿命将更长，电池中所含的金属将不得不等待更长的时间以后才能被回收。一位测试电池退化水平的工程师讲述了一则轶事，他处理的一些电池碰巧在它们的第二次生命中"返老还童"——它们的退化水平反而倒退了。

一些初创科技公司试图为二手电动汽车电池组创造一个新的市场。二手电池组在自由市场上可以卖到相当高的价格，估价在5,000美元到15,000美元之间。有一些类似eBay的二手电池平台在出售二手电池。常规拍卖网站和专门的电动汽车电池拍卖网站之间的区别在于后者能够提供电池参数的实时监控。电池仍插在由卖方驾驶的车辆内。你可以在线上平台上查看电池的退化程度、里程数和充电周期。这些数据从何而来呢？卖家不需要安装任何复杂的芯片来收集和传输这些信息。这些数据通常会发送给汽车制造商，因此卖家只需要授权汽车制造商与在线平台共享这些数据就行了。据报道，高级电动汽车甚至可以通过其5G调制解调器每小时传输5GB的数据。

信息就是力量。汽车制造商需要这些数据用于研发，以便进一步提高其电池动力系统的性能。负责数据采集和实时电池性能参数控制的软件被称为电池管理系统。它解释了称作电池中枢系统里的信息。一些人认为,锂离子电池的硬件方面,至少就现有的正极化学物质而言,接近其性能的极限了。但是,仍然可以通过优化电池管理系统来大幅提高电池的性能。但是,为了做到这一点,需要使用更多的数据,这也是汽车制造商选择对其全部的电动汽车实施监管的原因之一。有了这种级别的监管,从理论上讲,汽车制造商可以收集电动汽车用户的地理位置和驾驶行为信息。但是,这也引发了关于这些信息所涉及的隐私问题的讨论。

并不是所有的汽车制造商都乐于与销售废旧电池的在线平台以及政府部门分享他们的宝贵数据。毕竟,在这个快速增长的行业中,拥有详实而精确的数据可能会提升汽车制造商竞争的优势。私下里,业内人士表示,这可能是电池回收和再利用追踪系统在一些国家无法启用的原因所在。在这些国家,汽车行业的游说很强大,足以影响到立法程序,使政府出台的法律法规对本行业有利。

因此,在不久的将来,锂离子电池回收的形式将是各种因素作用下的产物,包括立法、废物可用性、国家之间的运输可行性以及市场结构等因素。不过,令人欣慰的是,将废旧电池在其他地方再利用起来而不是放到垃圾填埋场的应用技术已经存在,而且完全取决于我们的选择,也就是说,在实现经济效益最大化的同时,我们可以选择用何种方式,以及在多大程度上对废旧的锂离子电池进行再利用,以实现环保目的。

第七章
充满希望的绿色未来

格蕾塔·通贝里（Greta Thunberg）选择乘坐火车甚至游艇参加全球各地的气候会议，这充分说明了飞机和船舶在温室气体排放中所起的作用。飞机排放的二氧化碳占所有人为二氧化碳排放量的2%，而船舶的排放量估计在2%—3%之间。上述的占比是多还是少，请读者们自己判断吧。当然了，在阻止气候变化的种种努力中，每一个行动都很重要。

乘坐火车进行长途旅行的想法似乎真的开始了，并且引发了铁路旅行的小规模的复兴。欧洲各国的铁路部门开始考虑重新开放各国首都之间的夜间长途联程业务。斯堪的纳维亚人甚至创造了"flygskam"（飞行羞耻）和"tagskryt"（火车真棒）这样的新词汇。

动力电池能否帮助我们的飞机旅行实现更环保的目标？如果答案是肯定的，那么周末飞去特内里费岛度假就不会

第七章　充满希望的绿色未来

让那些环保意识强烈的朋友们感到惊讶了。

全球有近200个电动飞机项目，它们都处于不同的发展阶段。它们都是从小规模的初创公司开始起步的。它们拥有初步的创想理念，正在为与大型公司，如，空客（Airbus）和罗尔斯罗伊斯（Rolls-Royce）的联合项目寻求资金，以便进行飞行性能的测试。不过，所有这些项目有一个共同点。它们需要绕过当前电池技术的限制。目前，飞机由喷气燃料提供动力，通常以煤油为主要燃料。在家庭应用中，煤油被称为石蜡，是制作蜡烛的物质。

喷气燃料被泵入燃料箱，在客机中，燃料箱位于机翼上。这种解决方案有很多优点——它通过为原本中空的机翼空间增加刚性，减少了机翼上的应力，尤其是在起飞的过程中。它在飞机上为货物留出了空间，并在飞机迫降之时，使油箱安全地远离乘客。

喷气燃料的一个好处是，它可以在飞行过程中通过简单的燃烧来减轻燃料的重量，从而延长飞机的航程。最好的一点是，它能提供高水平的"能量密度"——指的是每单位体积或质量的能量。对于喷气燃料而言，它的能量密度大约是12,000瓦时每千克（Wh/kg）。在当今的商业应用中，锂离子电池的最大能量密度为250—300瓦时每千克，比喷气燃料少40倍。一家瑞士初创公司最近宣布，他们正在开发一种1,000瓦时每千克的电池。目前来说，这肯定是最先进的电池，但是该项目距离商业化还有很长的路要走。如果他们的技术能够使该电池面向市场的话，该技术可以将电动汽车一次充电的行驶里程延长到 1,000 千米。我们在这里谈论的技术属于重大的技术突破。然而,它离令人艳羡的 12,000 瓦时每千克的能量密度还很远。

因此,在目前的技术水平下,如果用锂离子电池替代飞机一整个油箱的能量,那么电池的体积和重量会令飞机无法飞行。尽管如此,航空公司还在一步一步地做着尝试。

技术总是逐渐发展的。在 20 世纪 80 年代,人们很难相信 2020 年的处理器会拥有如此强大的计算能力。电池的发展不太可能赶上"摩尔定律"所表述的半导体的惊人发展速度。该定律指出,微芯片上的晶体管数量大约每两年翻一番,而其成本将减半。电池的发展速度不会遵循"摩尔定律"。2010 年,最尖端的锂离子电池的能量密度为 140—170 瓦时每千克,而在 2000 年的时候,其能量密度为 120—150 瓦时每千克。在电池领域,技术进步的步伐没有芯片领域那么惊人。然而,在过去的 5 年里,电池研究的步伐加快了。在其历史发展的进程中,从未像今天这样吸引着如此多的研发人员和资金投入。仅在过去 3 年中,就有 53,000 篇关于锂离子电池的学术文章被发表,更不用说其他有关电池技术的学术论文了。正如著名学术出版商施普林格·自然出版社(Springer Nature)的亨宁·舒恩伯格(Henning Schoenenberger)在第一本通过人工智能技术生成的书的序言中所说的话:"人类的未来取决于锂离子电池研究的进展。"[1]

---

[1] Writer, B., 2019. *Lithium-Ion Batteries A Machine-Generated Summary of Current Research.* Cham, Switzerland: Springer, pp. 1–10.

第七章 充满希望的绿色未来

到目前为止，有 3 种方法可以解决飞行电动化的问题。第一种方法是飞机制造公司可能会重新利用现有的飞机模型，用电动引擎取代化石燃料的驱动系统。尽管这种改装的飞机创造了首次纯电动助力飞行的历史，但这种方法仍然有许多限制。只有类似赛斯纳（Cessna）那样的小型飞机才能进行上述改装。对于较大的飞机机型来说，这种简单的改造是行不通的。

第二种方法是制造混合动力飞机，类似于混合动力汽车，即同时拥有电动和燃油发动机。这是空客等大型航空公司正在推行的一种策略。即用电动发动机取代四个喷气式发动机中的一个。混合动力的解决方案首先让这种汽车在道路上可以稳健行驶，并将继续受到广泛的欢迎，并为限制二氧化碳排放量以及推进电池技术方面做出了贡献。空中的能源革命似乎也将遵循类似的发展轨迹。

第三种方法是从头开始制造全电动飞机，就像特斯拉制造的电动汽车一样。在这方面，就像汽车行业的情况一样，初创企业似乎处于领先地位。以色列初创公司 Eviation 就是这样一家公司。该公司由一位在航空和航天工业拥有 15 年经验的前以色列国防军少校共同创建并管理，已经制造了第一架电动飞机，正在等待试飞。这架飞机模型被称为"爱丽丝"（Alice），是一架拥有豪华内饰的线条流畅的飞行器，可搭载 9 名乘客，航程可达 1,000 千米。它的电池设计并不是唯一的卖点。当你看到爱丽丝时，你首先看到的是它的螺旋桨被反向安装在机翼上，这就是所谓的推进式配置。另有一个推进式螺旋桨安装在机尾的末端,让人联想到潜艇。尾翼的设计很不寻常,是一个 V 形的尾翼,这样的设计在军用无人机上比在商用飞机上更常见。飞机的能源来自 820 千瓦时、3.7 吨的镍钴锰酸锂电池。作为参考数据,特斯拉的 Model 3 车型在其最高续航里程配置中配备的是 75 千瓦时的电池。爱丽丝的电池由一家规模小但历史悠久的韩国专业锂离子电池制造商柯咖姆公司(Kokam)提供,你很可能从未听说过这家公司。Eviation 的首席执行官承认,公司现阶段电池的需求量还不足以寻求像 LG 化学或三星 SDI 这样的大型电池制造商进行电池设计。另一方面,柯咖姆公司已经为太阳能驱动的飞机制造了电池,该飞机实现了首次电池驱动的环球飞行。爱丽丝的电池组重达 3.7 吨,占飞机总重量的 60%。如果把它作为一个整体放在飞机上的某个地方,可能会导致飞行无法进行。所以 9,400 个镍钴锰酸锂单体电池组成的电池组必须分布在整个飞机上,包括飞机的天花板、地板和机翼等空间。尽管电池的体积很大,但爱丽丝只需要三个小时就能充满电。一家在美国中西部和加勒比海地区运营短航线的航空公司是爱丽丝的第一个客户。美国其他航空公司则紧随其后,据报道,到 2019 年年底,购买爱丽丝的积压订单可达到 150 台。

环保因素推动了飞行电动化的发展趋势。此外,其节省的费用也相当可观——电动飞机运行的成本估计为每小时 200 美元,而在类似航程中涡轮螺旋桨传统动力飞机的运行成本则达到了每小时1,000美元。电动飞机极其安静——这对那些生活在飞行航线下方和机场附近的人来说，会获得与之前完全不一样的感受。爱丽丝的首次飞行计划于2020年进行，并于2021年推向市场。然而，2020年1月，飞机在亚利桑那州普雷斯科特机场进行地面测试时起火。据称，起火是地面电池系统故障引起的。航空发展史就是一部通过反复试验而不断改进的历史。莱特兄弟之所以被载入史册是因为他们在经历反复失败之后，依然坚韧不拔，不言放弃。尽管技术进步取得了巨大的飞跃，但我们不能期望通往电动飞行的道路上一路坦途，没有任何的坑坑洼洼。

2017年，空客、罗尔斯罗伊斯和西门子公司宣布将合作开发E-Fan X飞机。这是一款以BAe 146为基础制造的混合动力飞机。BAe 146是一款成功的短途飞机，在1983年至2002年间共生产了387架。BAe 146飞机中的一种机型，能够在3,340千米的航程范围内搭载100多名乘客。因其售出的数量较多，BAe 146被称为"最成功的英国民用喷气式客机"。在E-Fan X的研发过程中，其四个喷气发动机中的一个被西门子的2MW电动机所取代，通过一个2吨、700千瓦时的锂离子电池提供能源。电池在该混合动力系统中的作用是在起飞和爬升的过程中提高功率，飞机将以纯电动方式下降，从而降低着陆过程中机场区域的噪声和二氧化碳的排放量。经过广泛的测试后，E-Fan X型飞机本该进行首次飞行，但由于冠状病毒大流行，该计划于2020年被取消。相关公司声称，该计划是里程碑，让三家公司学到了很多关于电动航行的知识，付出的努力不是徒劳的。然而，我们不禁要问个问题：有没有一架全电池驱动或混合动力的电动飞机已经飞上蓝天了呢？

2019年12月，世界上第一架全电动飞机从温哥华的一个湖泊上起飞升空。飞行持续了4分钟，在此期间，这架水上飞机在水面上飞行了16千米。尽管飞行的距离很短，在水面上飞行也很谨慎，但这一事件具有历史意义。德哈维兰海狸（De Havilland Beaver）水上飞机模型改装了一个1吨重的锂离子电池和1个750马力的电动马达。加拿大水上飞机运营商港湾航空公司（Harbour Air）运营了这次首航，希望在2022年实现整个机队的电动化。

不久之后，在2020年5月，这一壮举再次上演。这一次是赛斯纳"大篷车"系列208B飞机（Cessna Caravan 208B），它通常最多可搭载9名乘客。在整整30分钟里，飞机绕着华盛顿的格兰特郡立国际机场飞行。电动马达是由装备海狸水上飞机的同一家公司magniX制造的。

电池驱动的赛斯纳飞行这么长时间只需6美元，而传统动力飞行的费用约为300—400美元。虽然这些电动飞机距离从伦敦飞往日本的长距离飞行还有很长的路要走，但是，在短途航线上，尤其是在自然环境未受破坏的地区，电池动力飞机的未来并不遥远，也许会早于大多数人的预期。其低开发成本也可能使人们承受得起学习开飞机的费用，从而更容易为普通人所用。

第七章 充满希望的绿色未来

咸水鳄是现存最大的爬行动物,该物种的雄性体重可达1吨,身长可达6米。它们也被称为河口鳄,因为过去它们是在东南亚河流的河口繁殖的,如中国的珠江三角洲。

遗憾的是,珠江三角洲再也找不到它们的踪迹了,因为该地区从一个以农业为主的地区变成了世界上最大的城市中心。珠江流入南海的区域,珠江三角洲地区可能经历了人类历史上最快的城市化进程。事实上,该地区城市化的进程仍在继续,因为中国已宣布计划将广州(人口约1,200万)、深圳(人口约900万)、东莞(人口约650万)、肇庆(人口约390万)、佛山(人口约540万)、惠州(人口约390万)、江门(人口约380万)、中山(人口约240万)和珠海(人口约150万)转变为一个特大城市区域。这些数百万人口的城市是由水路网络连接的。2020年,货运量将达到10亿吨。正是在这种大环境下,中国决定部署发展世界上第一艘大型全电动货船。该船于2017年在广州造船厂建造,长70.5米。如果垂直放置的话,高达20层楼。它可以装载多达2,000吨的货物,相当于80—100个集装箱的货运量。它由一块2,400千瓦时的锂离子电池供电,只需充电两个小时,就可以在满载的情况下行驶超过60千米的距离。颇具讽刺意味的是,中国第一艘零碳排放量的电动船舶用于向珠江三角洲的发电厂运送煤炭。

挪威号称拥有世界上人均电动汽车数量最多的纪录。难怪该国不想在电气化航运方面落后于其他国家。早在2015年,挪威议会就通过了一项立法,要求国内所有渡轮在国家财政支持下实现电动化。从 2026 年起，人们将无法乘坐燃料船舶去观看峡湾的风景，因为挪威的峡湾将成为世界上第一个海上零碳排放区。雅苒（Yara）是一家挪威的化学公司，主要以生产化肥而闻名。该公司后来有了进一步的发展，旨在建造一艘不仅是全电动的，而且是全自动化的货船。该项目始于 2017 年。康士伯（Kongsberg），一家致力于从深海到外太空部署复杂工程装置的技术公司，被聘请来建造这艘船。它将沿着挪威的海岸航行，装载能力为 120 个集装箱，预计每年可减少相当于 40,000 辆卡车产生的二氧化碳排放量。该船的名字叫"雅苒伯克兰"（Yara Birkeland），预计将于 2022 年进行她的首次无人驾驶的航行。但不幸的是，该项目在冠状病毒大流行期间暂停。E-Fan X 混合动力飞机遭遇了类似的命运，也是因为冠状病毒大流行而暂停。因为近几年的困难，不少欧洲最先进的技术项目失去了发展的先机。

　　看起来，至少在船舶的改造方面，锂电池的重量和尺寸问题不像在飞机上的应用那么棘手。从理论上讲，相比商业性电池动力客运飞机，建造出大型电动货船更容易实现。这种说法在一定程度上是正确的。但是，锂电池在取代燃料发动机的过程中需要克服的挑战是不容小觑的。如今，货船在各大洲之间运送成千上万吨货物。从上海港口到鹿特丹港口的距离将近 20,000 千米，货轮无须中途加油就可以完成这段行程。然而，电动船舶在途中充电一两次能否完成这段行程？另一方面，一艘大型集装箱船在这样

第七章 充满希望的绿色未来

的行程中平均每天消耗225吨船用燃料，它可以轻松地在一个油箱中储存16,000吨燃料。这类船舶上的发动机可高达四层楼，重量超过2,000吨。所以如果我们用一个均匀分布的巨大电池组和一个较小的电动发动机来取代燃油和燃油发动机所占据的所有空间和重量，那么我们是不是需要使用合理数量的锂电池才能驱动货船完成全部行程呢？当然，我只是假设需要一个更小的电动引擎，因为到目前为止，在汽车和飞机上，由于电动引擎比传统引擎少了些可移动的部件而变得更小。不过，这纯粹只是我脑中的一个想法而已，需要让工程师来评估这种想法的可行性。

当然，使用高能量密度的巨大电池组，其安全性将是必须考虑的一个主要问题。无论是在空中还是在公海上，必须严防因电池温度升高，失控起火的事故。

加拿大能源存储方案提供商Sterling PlanB公司正在开发安全能源，希望在船舶起火的情况下，启动B计划。该公司提供液体冷却系统，每个电池都封闭在自己的冷却通道中，水在其周围流动，以吸收电池产生的热量。即使水和电子设备不能很好地融合，但水已经成功地用于冷却超级计算机了，所以也许现在到了冷却电池的时候了。

军事领域经常是推动一个国家进行创新的前沿领域。军事领域创新研发的预算十分庞大，目的是要在技术和战略上取得压倒潜在敌人的优势，其中的压力是巨大的。并非所有的创新都能公之于众，但日本决定向世界展示其由锂离子电池驱动的混合动力潜艇。"大鲸号"（Taigei）是日本自二战以来建造的最大的潜艇。它可以携带多达70名船员进行水下航行。当潜艇切换到电池动力推进时，潜艇的水下航行会变得异常安静，很难被对手发现。然而，潜艇的锂离子电池的续航里程则是保密的。

为了真正推动电动飞机和船舶的发展，并一劳永逸地缓解电动汽车驾驶员对续航里程的担忧，我们需要超越锂离子化学。然而，超越锂离子并不一定意味着远离锂元素。

但如何制造更好的电池呢？首先，我们需要记住电池是一个封闭的系统。在每一个封闭的系统中，如果改变了其中的一个组件，那么就需要仔细考虑这种改变对其他组件造成的影响。即使是技术上的改进，事实上也会造成对其他组件的影响。这似乎是常识，但当人们兴高采烈地宣布组件开发取得突破的时候，常识性问题则往往以让人惊讶的频率被忘掉。有没有更好的正极材料呢？这是个好问题，但问题是更好的正极材料怎么与现有的电解液发生反应呢？

从更高的层面来看，电池的构成非常简单。它只有三个关键要素：正极、负极和电解液。如果想要提高电池的性能，比如能量密度、功率、充电速度或安全性，首先就要专注于让这三个元素变得更好。当然，这个领域的竞争如此激烈，以至于许多公司甚至致力于改进电池的其他外围元素，以实现边际收益。实际上，只有这三个要素需要实现最大的突破。

我们知道有三个元素要处理，如果我们改变一个元素，

第七章　充满希望的绿色未来

那么就必须调整其他两个元素，以适应变化并保持系统内的平衡。但是究竟从哪里开始进行改进呢？我们至少要知道研究和开发该朝哪个方向发展。

为了回答这个问题，我们需要回顾一些基础的、高中水平的化学知识。我们可能还记得，金属容易失去电子，非金属容易获得电子。这个过程是一种自然现象，只是需要被人类发现而已。所以，如果一个元素失去电子，而另一个元素接受电子，这意味着电子在运动。正如我们所记得的那样，电子的运动意味着有电流。所以，到这里我们肯定已经有了一些头绪。此外，失去和获得电子的过程称为电离。如果原子的电子数和质子数相等，则该原子处于电中性状态。但如果把金属和非金属一起放在电池里，就会发生电离：金属失去电子，非金属得到电子。失去平衡的原子，其电子比质子或多或少，称为离子。所以锂离子电池这个词现在应该更有意义了。可以有负离子和正离子。负离子是比电中性状态具有更多电子的原子，而正离子是比电中性状态具有更少电子的原子。电子总是带负电荷的，所以很容易记住，如果你给一个处于电中性状态的原子加上一个负电子，你就把这个原子变成了负离子。

考虑到这一点，为了制造一个性能良好的电池，我们需要考虑元素周期表中哪些元素乐于释放电子，哪些元素愿意获得电子。我们需要把它们放在一起以实现最佳性能。这纯粹是一个理论上的阐述，但却是非常重要的理论阐述，因为它显示了在考虑化学和物理的基本定律时，电池性能可以达到的水平。

这也是一个非常实用的例子，因为它告诉我们为什么现在的电池中使用锂，为什么我们有兴趣在未来的电池中加入更多的锂，以及为什么公司和研究人员现在专注于开发硫或钠电池，而不是其他金属基的电池。毕竟，元素周期表中有相当多的金属可供选择。

但是，为了让笔记本电脑能够靠电池连续工作好几天，为了让电动汽车在一次充电后走得更远，为了有一天能够乘坐电动飞机从伦敦飞往巴塞罗那，我们需要高能量密度的电池。这是电池研究的核心技术。能量密度表示存储的能量与电池质量或电池体积的比率。为了获得高能量密度和低重量，我们只能从元素周期表排列靠前的元素中选择金属和非金属元素，因为这是原子质量较轻的元素所在的位置。我们还需要能够来回穿梭的离子，储存电荷，此时，我们对元素的选择就更加有限了。切记，当我们谈论能量密度时，一些元素可能具有较高的质量能量密度和较低的体积能量密度，反之亦然。这种细微的区别很重要，就汽车而言，空间是比重量更重要的制约因素，所以体积能量密度是重要的因素。汽车有一定的标准尺寸，制造商希望电池占用尽可能少的汽车内部空间，以便为乘客和行李提供足够的空间。另一方面，就飞机而言，每单位质量的能量密度比每单位体积的能量密度更重要，因为制造商想用最轻的电池让飞机起飞。元素周期表中的元素在这些方面的区别也表明，虽然不能轻易断言不可能，但是也确实很

第七章 充满希望的绿色未来

难找到理想的通用型电池。因为没有放之四海而皆准的标准型电池，因为需要考虑不同类型的电池在特定应用中的用途。这也证明了继续开发可能不是最适合电动汽车或飞机的电池化学物质仍然具有商业性意义，因为它们可能非常适合在极冷的外太空为卫星提供动力。

因此，就重量而言，锂的原子量非常小，约为7。为了便于比较，铅酸电池中用于启动燃油动力汽车点火的铅的原子量为207，而在未来电池开发中经常提到的元素钠的原子量为23。这也是非常低的原子量，这使得它能够成为电池应用中一个很好的候选者，但其原子量仍然略高于锂。在我们进一步讨论之前，读者也许会问个问题：如果钠比锂重，我们为什么还要考虑将其用于未来的电池呢？能量密度的边际损失可能导致钠元素不能成为给飞机提供动力的理想电池的选择。但是其他因素也很重要：钠比锂便宜得多，而且更普遍（毕竟它是普通食盐的一种成分），因此就价格和供应安全而言，它是符合要求的。

此外，还需要能够产生高电压的元件。电功率等于电压乘以电流。将电动汽车从0加速到100千米每小时，需要在短时间内释放大量电力。目前，电动汽车的加速度已经超过燃油汽车了。为了检测放在一起时可以产生高电压的元素，需要从元素周期表切换到电化学电势表。在那里，锂再次表现突出，最大电压为4.5伏。我们再看看旧的铅电池化学物质，铅的电化学电势低于2.1伏。钠的表现也很好，最大电压为4.2伏。

使用法拉第常数和电化学活性材料的分子量，我们还可以计算电池的理论容量。因为图书里边方程的数量越多，它的销售量越低，所以我们在这里就不做这样的计算了。不过，这种计算确实很简单。

电池的容量是电池每单位质量所能容纳的时间内释放的电荷数。一开始，这可能是一个很难理解的概念。这是因为电池性能测量的单位考虑了时间、电流和质量，并将它们包含在一个数字中。为了理解它，我们需要把它进行分解。时间和电流之间的关系是这样的，存储在电池中的相同数量的电流持续时间的长短取决于我们每小时或其他单位时间内从电池中消耗的电流强度。有些电子设备显然会消耗更多的电流，而有些则消耗更少。显然，与智能手表相比，冰箱所消耗的电流更多。现在你需要测量单位时间的电流，并将其与可以储存它的质量的体积进行对比。当你这样做时，会得到理论值，如锂为3,860毫安时每克（mAh/g），硅为4,200毫安时每克，硫为1,670毫安时每克，石墨为370毫安时每克。这些容量的理论值非常非常高。即便我们所谈论的石墨，它的理论容量值也很高，虽然它与锂或硫相比相形见绌，而且在尖端级别的电池中，也不会充分使用它们。我们很期待实际应用中能够接近上述理论容量值，只是有许多限制性因素阻止我们这样做。那么要打造性能更好的电池，在很大程度上就是克服这些限制因素的奋斗历程。这是一件好事，即使我们只了解一些电化学的基本知识，也能引导我们深入探索电池领域未

第七章 充满希望的绿色未来

来的发展方向。例如，如果我们知道锂具有很高的电化学电势，重量很轻，并且具有非常高的理论容量值，那么我们可能想用它来制造纯锂阳极以取代我们现在制造的石墨阳极。硅、硫或钠也是如此。基础化学和物理学让我们了解到这些元素，由于它们的特性，可能会在未来的电池研发中发挥作用，以便提高电池的能量密度。

一大堆不太复杂的方程式或许可以为我们提供未来发展的路线图。这样的认知颇具一种自然朴素的美感。我们知道，使用锂硫电池，锂金属作为负极材料，硫作为正极材料，理论上我们将能够获得2,000瓦时每千克的能量密度；使用锂氧电池能达到3,000瓦时每千克的能量密度。理论能量密度值表明在现实生活中，我们永远不会有能量密度为2,000瓦时每千克的锂硫电池。但如果我们找到一种开发和实现锂硫电池商业化的方法，我们将慢慢接近这个门槛数值。但是，我们并不知道到底能够多接近那个理论值。进一步来说，我们甚至不知道目前正在开发的锂硫电池是否能够满足"循环能力"（指电池退化前可能充电和放电的次数）方面的要求，这是准入大众市场的重要标准。我们不知道这一点，但许多公司投入资金从事研发工作，相信总有一天会做到这一点。

我们抛出这些理论上的能量密度数值，主要是想看看电池领域的发展空间。电池领域存在着巨大的发展空间，能够认识到这一点是非常重要的。特斯拉Model 3电动汽车电池的能量密度约为250—260瓦时每千克。埃隆·马斯克在2020年的一条推文中暗示,达到400瓦时每千克的电动汽车电池可能在三四年之内进入国际市场。"电池500共同体"(Battery 500 Consortium)项目组成立于2017年,它由顶尖大学的研发人员和实验室研究人员组成,正如其名称所示,该共同体的奋斗目标是制造出具有500瓦时每千克能量密度的电池。

既然我们谈到了能量密度这个话题,那么关于能量密度这个概念,有两件重要的事情需要读者了解。第一个要点,它是如何测量的,"瓦特小时"到底指的是什么?最简单的思考方式就是用汽车来类比。在物理学中,功率乘以时间等于能量。瓦特是功率的度量单位,小时表示施加该功率的时间。想象一辆车行驶了一定的距离,比如100千米。你可能快速度开了100千米,也可能慢速度开了100千米,这取决于你踩了多少次油门。或者换句话说,你使用了多少动力。在电池驱动的情况下,你可以把距离想象成时间,把速度想象成能量。如果你有一块重1千克,能量密度为100瓦时每千克的电池,并将其连接到额定功率为100瓦特的冰箱上,那么这些电池中的能量将足以为这台冰箱供电1小时。如果你把电池的重量增加到2千克,那么你就有足够的能量为冰箱供电两个小时。如果你使用一台体积更大或更低能效的冰箱,比如说,额定功率为200瓦特,那么1千克重的电池只能为这台冰箱供电半个小时。

第二个要点,在电池的领域中,我们总是在单体电池和电池组级别的水平上讨论能量密度这个概念。然而,为电动汽车提供动力的电池组可以由数千个单体电池组成。由于能量密度是每单位质量或体积的能量的量度，因此在单体电池水平上，能量密度将总是高于电池组水平上的能量密度。这是因为电池组可能还包括连接器、电缆、传感器和冷却系统，这会大大地增加电池组的重量和体积。而电缆和传感器等组件并不存储任何能量，因此它们被视为负荷。它们增加了质量，但没有增加能量储存，因此降低了能量密度。为了说明电池水平能量密度和电池组水平能量密度之间的差距，我们上面已经提到，在电池水平上，特斯拉 Model 3 的能量密度约为 260 瓦时每千克，而在其电池组水平上，能量密度约为 160 瓦时每千克，因此电池组水平的能量密度整整低了 100 瓦时每千克。

当能量密度从电池水平到电池组水平出现降低时，那么以 $/千瓦时衡量的电池成本将根据单体电池和电池组的变化而增加。1 千瓦时等于 1,000 瓦特小时——到目前为止，我们讨论的是以瓦特小时为单位的能量密度，因为这是它通常的表示方式。另一方面，电池的成本是以千瓦时的美元数值来讨论的。那么价格从单体电池到电池组的上涨也是很合理的。当你计算电池组的成本时，会考虑构成电池组的单体电池的成本，同样也会考虑电缆、连接器、传感器等的成本。而在计算单体电池的成本时，只会考虑电池本身的成本，没有额外的成本。然而，制造商与制造商之间电池成本上差异很大。电池成本的差异在很大程度上取决于所使用的锂离子电池化学物质的类型，以及构成该化学物质的原材料的类型。比较昂贵的原材料当中占比较大的金属，例如钴或镍，将使成本上升，而在正极化学材料中使用较便宜的材料，例如磷酸铁，则会使成本下降。如果我们要谈论电池的未来，那么我们还需要考虑电池成本的问题。使电动汽车电池的成本低于100美元每千瓦时将是未来很长一段时间电池制造商努力的目标。对于一些锂离子正极化学材料的成本来说（如磷酸铁锂电池）已经实现了这一目标，而高镍正极化学材料的成本，最优惠的价格是在150美元每千瓦时的范围内。实现100美元每千瓦时的成本目标至关重要，因为一些人认为这将使电动汽车的成本与燃油汽车持平。

我们已经从基础科学的角度讨论了如何制造更好的电池。现在应该更仔细地看看单个组件是如何工作的，以及如何使它们变得更好。正如我们已经说过的，电池的核心是正极、负极和电解液。正极和负极都储存了锂元素，而电解液为锂元素从正极到负极再返回正极铺平了道路。在电池第一次充电之前，在电池的生产过程中，锂被嵌入正极。正极具有非常有趣的结构。它是由聚合物黏合剂（一种将其黏合在一起的胶水）、炭黑（增强导电性）和最重要的成分——层状氧化物构成。

如果使用电子显微镜放大层状氧化物，则会发现它是一种晶体结构，其中有一些空隙或缝隙。这些空间使得锂元素可以进出。锂在电池放电时进入，在充电时离开。晶体的结构取决于我们使用的正极材料。磷酸铁锂电池的正

第七章　充满希望的绿色未来

极材料具有橄榄石结构——发挥一下你巨大的想象力，它就像一棵橄榄树，有着密集卷曲的树枝，锂原子就藏在那里。镍钴锰酸锂电池和镍钴铝酸锂电池的正极材料具有层状结构，就像墙上的书架一样，一个挂在另一个上面，但它们装的不是书，而是锂原子。即使我们在纳米水平上操作，其基本的物理定律，或者换个比较通俗的说法，其中的常识仍然成立。当我们在电动汽车里踩下油门时，电池需要快速充电和快速放电，锂需要快速离开和进入这些结构。因此，为了使电池能够更快地充电，我们需要确保锂进入这些结构的路线尽可能短，尽可能容易，途中没有任何障碍物。我们还需要确保在电池的每次充电和放电过程中，即锂数千次嵌入和脱嵌时，这些晶体结构不会退化。当你把锂原子放入这种结构中时，可以合理地预期该结构会膨胀。这同样适用于负极材料，因为负极材料的结构也需要容纳锂原子。在锂多次从其结构中嵌入和脱嵌以后，它也会退化，并在锂嵌入的过程中膨胀，锂脱嵌后收缩。当然，这一切都发生得非常快，而且是在微尺度上进行。我们把电池看作一个稳定的、不可移动的物体，但在它里面，化学反应还在继续，电极在膨胀和收缩，而电池也在呼吸，几乎就像一个活的有机体在吸收和释放氧气一样。

这一点非常重要，因为它限制了未来的电池。要使电池具有更高的能量密度，我们必须在正极和负极中储存更多的锂。这看起来很容易。但是，我们需要再一次回顾以往的知识储备，了解一下有关基本电化学的理论。例如，我们可以建造一个硫正极。这将降低我们的成本,因为硫是一种廉价而丰富的原材料,而我们所需的能量密度将被提高,因为硫正极比最优化的镍钴锰正极材料储存的锂更多。那么,我们为什么不这样做呢?

让我们在实验室里测试一下这样的电池吧。当我们给它充电和放电时,很显然,在这个过程中,硫正极会消耗太多的电解液,即正极和负极之间的液体物质,以至于电解液很快就会干涸,其结果就是电池在几次充电循环后就会停止工作。因此,从理论上讲,通过为这种电池提供一个巨大的电解液的存储,我们可以让它工作。但是,这样大的电解液存储将使电池变得巨大,其结果就是我们根本无法实现单位重量和体积下的高能量密度。你可能认为电解液的难题并不是无法解决的。当然,我相信实验室里辛勤工作的天才们总有一天会克服这个难题。没错,总有一天会解决这个问题。但是,这个问题已经存在了几十年,到目前为止,还没有人可以解决这个问题。

此外,如果我们可以在正极中储存更多的锂,并且锂在正极和负极之间来回穿梭,那么我们需要确保负极能够储存这些额外的锂。

对于负极而言,我们有两个很好的候选者可以取代石墨。同样,这里涉及一些基础化学和物理的知识点。可以替代石墨的两个元素是硅和锂。但在现实应用当中,两者都带来了一系列挑战性的问题。我们说过,电池会呼吸,而石墨负极在吸收锂时会膨胀约5%。硅将扩大300%——

第七章　充满希望的绿色未来

400%。为了获得高能量密度，电池需要被紧密封装。如果在一个紧密排列的封闭系统内，其中一个元素膨胀三四倍，很明显这个封闭系统会爆裂。同样，这看起来像是一个容易解决的问题。然而，科学家们多年来一直致力于解决这个问题，但迄今为止仍未能实现硅酮负极材料大规模商业化的目标。专业人士提出的一种解决方案是使用硅酮作为现有石墨负极技术的添加剂。由于一个碳原子只能容纳一个锂原子，而一个硅原子可以容纳四五个锂原子，因此在石墨负极中添加高达10%的硅酮就足以大幅地提高其容量，同时保持其膨胀水平处于可控的范围之内。

另一种有趣的可能性是使用锂作为电池的负极材料。事实上，2019年诺贝尔奖得主斯坦利·惠廷厄姆（Stanley Whittingham）在20世纪70年代发明的第一个可充电锂电池就是使用锂金属作为电池的负极。然而，埃克森（Exxon）并没有将这种电池推向市场，因为它的功能不够好，也不够安全。

极具讽刺意味的是，第一个锂电池专利被转让给了一家石油公司，然而，这项推动了电池领域的变革，后来又被抛弃的技术，也是能让人对未来充满希望的技术。

研究人员发现，即使石墨负极储存锂的能力比锂负极低几倍，石墨也是储存碳的更实用的选择。

那么，锂负极会导致什么问题呢？下面我们要介绍一下枝状晶体。

在电子显微镜下，枝状晶体看起来像是从平坦的负极表面长出的带刺灌木。如果它们长得足够高的话，就会刺穿隔膜。隔膜是一种浸在电解液中的多孔塑料膜，可以让锂离子通过，但会阻挡电子。因此，它们会导致短路，于是电子开始不按预期流动，电池发热，开始释放氧气，最后会发生火灾甚至爆炸。

阻止枝状晶体生长的第一个办法是引入固体电解质。这是一个合乎逻辑的方法，因为锂是一种非常软的金属。事实上，金属态的锂更像橡皮泥，而不是我们日常使用的金属。然而，不要将金属态的锂与碳酸锂、氢氧化锂或锂辉石精矿混淆，因为从表面上看，当人们看到它们的形式和物质时，它们似乎彼此无关。

金属态的锂也是超活性的，而且非常轻。如果你把一块锂金属放在水面上，它会先浮在上面（因为它比较轻），然后就会爆炸。

在可充电锂离子电池中，我们目前使用液体电解质，它是由有机溶剂、锂盐和增强其所需性能的添加剂组成。这种混合物高度易燃，但如果我们全面考察理想电解液所需的特性时，液体电解质得分相对较高。其特性是：强离子导电性、无导电性、与正极材料和负极材料无反应性、高电压的耐受性、低价格和安全性。事实证明，安全性实际上是当今电解液的最薄弱环节之一，这是它们的致命弱点，危及整个电池的安全水平。

因此，开发固态电池有两方面的动机——抑制枝状晶体的生长和提高电池的整体安全性。对于固体电解质，多数情况是陶瓷化合物,因为它们为锂离子提供高电导率。

令人惊讶的是,到目前为止,这个想法在抑制枝状晶体生长方面失败了。期待锂这样的软金属去破坏像玻璃一样坚硬的陶瓷化合物是违反认知的。但事实证明,这是正在发生的事情,我们都知道"水滴石穿"的道理。

同样的情况也发生在枝状晶体上:尽管它们很柔软,但它们会产生巨大的压力,使陶瓷固态电解质破裂。

可以说,当你看到报道固态电池进展的新闻时,首先要弄清楚新闻中谈论的是哪种固态电池,锂负极固态电池还是非锂负极固态电池。出于某种原因,市场评论家倾向于将固态电池等同于锂负极电池。然而,这两者是不同的电池。固态充电电池走向市场已经是一个巨大的成就了——它将使电池变得极具安全性。电池的事故率估计为十亿分之几,从这个意义上说,它们已经是安全的电池了。电池的安全性能及其质量正是我们需要利用先进的电池管理系统实时控制的方面。尽管如此,电池里的易燃液体仍然存在,液体电解质的高易燃性构成了潜在的危险。

然而,固态电解液本身不会增加电池的能量密度。只有增强了负极和正极的固态电池才能做到。

我们生活在电池黄金时代的余波中。从伏打电堆(也称作伏打电池)开始,我们不知不觉走到了今天。让我们在宏观层面上思考一下,亚历山德罗·伏打(Alessandro Volta)在1799年发明的电池——用浸泡了盐水的纸板隔开的一堆铜板和锌板——与现代电池并没有太大的不同。这项发明令拿破仑很痴迷，以至于他与伏打保持朋友关系，并册封他为伯爵。可以说，电池的历史与电气时代的历史密不可分。毕竟，伏打拒绝承认伽尔瓦尼（Galvani）关于"动物电"的主张。

在过去的30年，随着人类对锂离子化学的发现和关注，电池得以飞速发展。便携式计算机和其他数字电子设备的出现首次推动了电池的发展。人们对气候变化及其相关风险的认识不断提高，进一步助推了电池的发展。此外，电动汽车制造商生产出既实用又酷炫的电动汽车车型更加加速了电池的发展。飞行电动化的梦想很可能会让电池技术继续保持不断发展的势头。回顾电池发展的历程，从来没有哪个时期像现在这样在电池的发展上投入如此多的人才和资金。尽管如此，我们应该继续怀揣电力化的梦想，并努力实现这些梦想，迈向充满希望的绿色未来。

致　谢

本书是一本关于锂和电池这类小众商品的书籍，感谢各领域里的专家学者，让我能够站在巨人们的肩膀上完成这本书的撰写。本书借鉴了维克多·科弗雷（Víctor Cofré）、乔·劳里（Joe Lowry）、贾德·C. 金兹利（Judd C. Kinzley）教授、蒋业明（Yet-Ming Chiang）教授、孟颖（Ying Shirley Meng）教授等知名专家、记者和学者的研究成果和出版物。

劳里先生对锂业进行了前所未有的推广和记录，我个人在对这个行业的理解以及本书的撰写过程中深受启发。科弗雷为胡利奥·庞塞·勒鲁撰写的人物传记帮助我了解智利锂业的历史。金兹利教授对中国新疆的研究具有独创性，令人耳目一新，让我更好地了解了该地区在特定历史背景下自然资源产业的发展状况。蒋业明教授和孟颖教授的讲座在电池内部工作原理方面对我很有帮助。

还要感谢我的出版商迈克尔·德怀尔（Michael Dwyer）先生，感谢他给我这个机会，感谢他对一位初次写书的人给予的信任,感谢他意识到有必要出版一本关于"锂"这一主题的书。我还要感谢编辑马伦·迈因哈特(Maren Meinhardt)先生,感谢他耐心地编辑我的手稿。

我还要感谢索菲·吉莱斯皮(Sophie Gillespie)。在本书撰写的初始阶段,她帮助我编辑了各章节的初稿。最后,我要感谢乔恩·寇松(Jon Curzon)。他是每一个作家梦寐以求的最负责任的代理人,他不断地帮助我成为一名更出色的非虚构图书作家。

主要参考文献

前言

Ambrose, H., 2020. *How Long Will My EV Battery Last? (and 3 Tips to Help it Last Longer)*. [online] Union of Concerned Scientists. Available at:< https://blog.ucsusa.org/hanjiro-ambrose/how-long-will-my-ev-battery-last-and-3-tips-to-help-it-last-longer >[Accessed 25 March 2021].

Biello, D., 2010. *Where Did the Carter White House's Solar Panels Go?* [online] Scientific American. Available at: < https://www.scientificamerican.com/article/carter-white-house-solar-panel-array/ >[Accessed 10 March 2021].

Jaskula, B., 2015. *Mineral Commodities Summaries 2015—Lithium*. [online] S3-us-west-2.amazonaws.com Available at: < https://s3-us-west-2.amazonaws.com/prd-wret/assets/palla-dium/production/mineral-pubs/lithium/mcs-2015-lithi.pdf >[Accessed 25 March 2021].

Maugouber, D. and Doherty, D., 2019. *Three Shifts in Road Transport That Threaten to Disrupt Oil Demand | Bloomberg NEF*. [online] Bloomberg-NEF. Available at: < https://about.bnef.com/blog/three-drivers-curbing-oildemand-road-transport/ > [Accessed 25 March 2021].

Okubo, M., 2019. *Creating a future energy world on the foundation of technology and innovation.* [online] The Japan Times. Available at: < https://www.japantimes.co.jp/country-report/2019/06/28/north-rhine-westphalia-report-2019/creating-future-energy-world-foundation-technology-innovation/ > [Accessed 25 March 2021].

Pillot, C., 2016. *The Rechargeable Battery Market & Main Trends 2015 – 25.* [online] Nextmove.fr. Available at: < https://nextmove.fr/wp-content/uploads/2016/09/07 > [Accessed 25 March 2021].

Ridley, M., 2017. *Amara's Law.* [online] Rationaloptimist.com. Available at: < https://www.rationaloptimist.com/blog/amaras-law/ > [Accessed 10 March 2021].

Sony.net. 2020. *Sony.* [online] Available at: < https://www.sony.net/SonyInfo/csr/SonyEnvironment/initiatives/pdf/2015_ChargeyourEmotion.pdf > [Accessed 25 March 2021].

Team, T., 2016. *Volkswagen's Strategy 2025 Focuses On A Greener Future For The Company.* [online] Forbes. [Accessed 10 March 2021].

Yu, J., Che, J., Omura, M. and B. Serro, K., 2011. Emerging Issues on Urban Mining in Automobile Recycling: Outlook on Resource Recycling in East Asia. *Integrated Waste Management—Volume II.*

Yuanyuan, L., 2020. *China installed more than 1000 EV charging stations per day in 2019—Renewable Energy World.* [online] Renewable Energy World. Available at: < https://www.renewableenergyworld.com/storage/china-installed-more-than-1000-ev-charging-stations-per-day-in-2019/#gref > [Accessed 10 March 2021].

第一章 中国：潮流的引领者

AAA Foundation. 2019. *American Driving Survey* 2014 – 2017. [online] Available at: < https://aaafoundation.org/american-driving-survey-2014 – 2017/#: ~ : text = Key% 20Findings, miles% 2C% 20in% 202016% 20and% 202017. > [Accessed 10 March 2021].

Berman, B., 2011. *BYD Is the First Ripple in a Potential Chinese Wave (Published* 2011*).* [online] Nytimes.com. Available at: < https://www.nytimes.com/2011/02/20/automobiles/autoreviews/byd-f3-dm-review.html > [Accessed 31 March 2021].

Bloomberg.com. 2020. *The Solar-Powered Future Is Being Assembled in China.* [online] Available at: < https://www.bloomberg.com/features/2020-china-solar-giant-longi/?sref = TtblOutp > [Accessed 26 March 2021].

Bremner, R., 2018. *The world's first plug-in hybrid car—and why it failed—Retro Motor.* [online] The world's first plug-in hybrid car—and why it failed. Available at: < https://www.retromotor.co.uk/great-motoring-disasters/2011-chevrolet-volt/ > [Accessed 26 March 2021].

Chinacartimes.com. 2013. *BYD Launches Qin Plugin Hybrid*—189,800*RMB to* 209,800*RMB.* [online] Available at: < https://web.archive.org/web/20131221190347/https://www.chinacartimes.com/2013/12/byd-launches-qin-plugin-hybrid-189800rmb-209800rmb/ > [Accessed 31 March 2021].

Chinadaily.com.cn. 2010. *BYD plans to start European car sales next year.* [online] Available at: < https://www.chinadaily.com.cn/bizchina////2010 – 03/09/content_9559285.html > [Accessed 31 March 2021].

Chinadaily.com.cn. 2012. *Xi highlights national goal of rejuvenation—China.* [online] Available at: < https://www.chinadaily.com.cn/china/

2012 – 11/30/content_15972687. html > [Accessed 9 March 2021].

Collins, G. and Erickson, A., 2011. *Electric Bikes are China's Electric Vehicle Story | China SignPost*™. [online] Chinasignpost. com. Available at: < https://www. chinasignpost. com/2011/11/07/electric-bikes-are-chinas-real-electric-vehicle-story/ > [Accessed 9 March 2021].

DiNucci, M., 2017. *The Complete Guide to Charging the Chevy Volt*. [online] ChargePoint. Available at: < https://www. chargepoint. com/blog/complete-guide-charging-chevy-volt/ > [Accessed 26 March 2021].

Dongmei, L., Binbin, Y., Duan, W. and Yanyan, F., 2010. *How Manufacturing's Mockingbird Sings*. [online] Caixinglobal. com. Available at: < https://www. caixinglobal. com/2010 – 02 – 10/how-manufacturings-mockingbird-sings – 101018597. html > [Accessed 16 April 2021].

Einhorn, B., 2010. *The 50 Most Innovative Companies*. [online] Bloomberg. com. Available at: < https://www. bloomberg. com/news/articles/2010 – 04 – 15/the-50-most-innovative-companies? sref = TtblOutp > [Accessed 30 March 2021].

Fairclough, G., 2007. *In China, Chery Automobile Drives an Industry Shift*. [online] Wall Street Journal. Available at: < https://www. wsj. com/articles/SB119671314593812115 > [Accessed 26 March 2021].

Gewirtz, J., 2019. 'The Futurists of Beijing: Alvin Toffler, Zhao Ziyang, and China's "New Technological Revolution," 1979 – 1991'. *The Journal of Asian Studies*, 78(1), pp. 115 – 140.

Govardan, D., 2019. *Tianjin Battery Co to buy cells from Munoth Industries*. [online] The Times of India. Available at: < https://timesofindia. indiatimes. com/business/india-business/tianjin-battery-co-to-buy-cells-from-munoth-industries/articleshow/71318951. cms > [Accessed 31 March 2021].

Hanada, Y., 2019. *China's solar panel makers top global field but challenges loom.* [online] Nikkei Asia. Available at: < https://asia.nikkei.com/Business/Business-trends/China-s-solar-panel-makers-top-global-field-but-challenges-loom > [Accessed 26 March 2021].

Harwit, E., 2001. The Impact of WTO Membership on the Automobile Industry in China. *The China Quarterly*, 167.

Ie.china-embassy.org. n.d. *HIGH TECH RESEARCH AND DEVELOPMENT (863) PROGRAMME.* [online] Available at: < https://ie.china-embassy.org/eng/ScienceTech/ScienceandTechnologyDevelopmentProgrammes/t112844.html > [Accessed 9 March 2021].

Innovationpolicyplatform.org. n.d. *SYSTEM INNOVATION: CASE STUDIES: CHINA—The Case of Electric Vehicles.* [online] Available at: < https://www.innovationpolicyplatform.org/www.innovationpol-icyplatform.org/system/files/CHINA% 20-% 20The% 20Case% 20of% 20Electric% 20Vehicles-% 20IPP_0/index.pdf > [Accessed 30 March 2021].

Kane, M., 2016. *BYD Qin Sales Top 50,000, Tang Exceed 30,000.* [online] InsideEVs. Available at: < https://insideevs.com/news/331035/byd-qin-sales-top-50000-tang-exceed-30000/ > [Accessed 31 March 2021].

Kinzley, J., 2012. *Staking Claims to China's Borderland: Oil, Ores and Statebuilding in Xinjiang Province, 1893 – 1964.* [online] Escholarship.org. Available at: < https://escholarship.org/content/qt3p7432md/qt3p7432md_noSplash_40b53d988fe164c1496cc2f5e35ad314.pdf > [Accessed 31 March 2021].

Kinzley, J., 2018. *Natural resources and the new frontier.* University of Chicago Press, p.123, p.150, p.157.

Mann, J., 1997. *Beijing Jeep: A Case Study Of Western Business In*

China. Westview Press, p. 149, pp. 151 – 152.

Manthey, N., 2018. *BYD to more than double battery production by 2020*. [online] electrive. com. Available at: < https://www.electrive.com/2018/06/27/byd-to-more-than-double-battery-production-by – 2020/ > [Accessed 31 March 2021].

Marquis, C., Zhang, H. and Zhou, L., 2013. *China's quest to adopt electric vehicles*. [online] Hbs. edu. Available at: < https://www.hbs.edu/ris/Publication%20Files/Electric%20Vehicles _ 89176bc1-1aee-4c6e-829f-bd426beaf5d3. pdf > [Accessed 9 March 2021].

Marsters, P., 2009. *Electric Cars: The Drive for a Sustainable Solution in China*. [online] Wilson Center. Available at: < https://www.wilson-center.org/publication/electric-cars-the-drive-for-sustainable-solution-china > [Accessed 30 March 2021].

Moshinsky, B., 2015. *Here's why China mentioned the word 'innovation' 71 times after a meeting to decide its 5-year plan*. [online] Business Insider. Available at: < https://www.businessinsider.com/chinese-government-said-innovation-71-times-after-a-meeting-to-decide-its-5-year-plan-2015 – 11? r = US&IR = T > [Accessed 9 March 2021].

Patil, P., 2008. *Developments in Lithium-Ion Battery Technology in The Peoples Republic of China*. [online] Publications. anl. gov. Available at: < https://publications.anl.gov/anlpubs/2008/ 02/60978. pdf > [Accessed 31 March 2021].

Pigato, M., Black, S., Dussaux, D., Mao, Z., McKenna, M., Rafaty, R. and Touboul, S., 2020. *Technology Transfer and Innovation for Low-Carbon Development*. Washington, DC, USA: World Bank Group Publications, pp. 101 – 103.

Sigurdson, J. and Jiang, J., 2007. *Technological superpower China*. Cheltenham, UK: Edward Elgar, p. 43.

Tabeta, S., 2017. *Changan Auto sells 3m cars in record year*. [online] Nikkei Asia. Available at: < https://asia.nikkei.com/Spotlight/Auto-Industry-Upheaval2/Changan-Auto-sells–3m-cars-in-record-year > [Accessed 26 March 2021].

Wang, H. and Kimble, C., 2010. 'Betting on Chinese electric cars?; analysing BYD's capacity for innovation'. *International Journal of Automotive Technology and Management*, 10(1), p. 77.

Yang, C., n. d. *Launching Strategy for Electric Vehicles: Lessons from China and Taiwan*. [online] Web. archive. org. Available at: < https://web.archive.org/web/20100331153729/https://www.duke.edu/-cy42/EV.pdf > [Accessed 26 March 2021].

Yeung, G., 2018. "Made in China 2025": the development of a new energy vehicle industry in China'. *Area Development and Policy*, 4(1), pp. 39–59.

Zhang, Z., 2020. *China's 46 New Cross-Border E-Commerce Zones: A Brief Primer*. [online] China Briefing News. Available at: < https://www.china-briefing.com/news/china-unveils–46-new-cross-border-e-commerce-zones-incentives-foreign-investors-faqs/ > [Accessed 10 March 2021].

第二章 全球的主导地位

Albemarle. n. d. *Lithium | Optical Products and Glass | Albemarle*. [online] Available at: < https://www.albemarle.com/businesses/lithium/markets—applications/optical-products—glass#: ~ : text = Lithium%20Carbonate%20or%20Spodumene%20as%20Additive&text = In%20Li2CO3,%25%2C%20depending%20on%20the%20qualisy. > [Accessed 6 April 2021].

AP NEWS. 2018. *Czech Republic cancels lithium deal with Australian firm.* [online] Available at: < https://apnews.com/article/96ed8c593e884f148d5a87a54c8b3d7f > [Accessed 8 April 2021].

Argusmedia.com. 2019. *Cez looks to buy European lithium stake.* [online] Available at: < https://www.argusmedia.com/pt/news/2019346-cez-looks-to-buy-european-lithium-stake > [Accessed 8 April 2021].

Argusmedia.com. 2020. *China's rare earth consolidation to cut supplies.* [online] Available at: < https://www.argusmedia.com/en/news/2054597-chinas-rare-earth-consolidation-to-cut-supplies > [Accessed 6 April 2021].

Art-B, Made in Poland. 2018. [film] Bongo Media Production, Canal + Discovery.

Australian Government, Department of Industry, Science, Energy and Resources. 2020. *Resources and Energy Quarterly March* 2020. [online] Available at: < https://publications.industry.gov.au/publications/resourcesandenergyquarterlymarch2020/documents/Resources-and-Energy-Quarterly-March－2020.pdf > [Accessed 6 April 2021].

Baike.baidu.com. n.d. 蒋卫平(天齐锂业股份公司董事长)_百度百科. [online] Available at: < https://baike.baidu.com/item/%E8%92%8B%E5%8D%AB%E5%B9%B3/6319909?fr=aladdin > [Accessed 7 April 2021].

Barrera, P., 2020. *Tianqi Delays Lithium Plant Expansion to Focus on Steady Production.* [online] Investing News Network. Available at: < https://investingnews.com/daily/resource-investing/battery-metals-investing/lithium-investing/tianqi-delays-lithium-hydroxide-plant-expansion-focus-steady-production/ > [Accessed 8 April 2021].

Basf.com. 2016. *International Trade Commission issues final determina-*

tion that Umicore infringes BASF and Argonne National Laboratory patents. [online] Available at: < https://www.basf.com/global/en/media/news-releases/2016/12/p-16-404.html > [Accessed 8 April 2021].

Basf.com. 2017. *BASF and Argonne reach resolution with Umicore over NMC patents infringement claims.* [online] Available at: < https://www.basf.com/global/en/media/news-releases/2017/04/p-17-204.html > [Accessed 8 April 2021].

BBC News. 2017. *China does U-turn on coal ban to avert beating crisis.* [online] Available at: < https://www.bbc.com/news/world-asia-42266768 > [Accessed 3 April 2021].

Benchmark Mineral Intelligence. 2019. *Battery megafactory capacity in the pipeline exceeds 2 TWh as solid state makes first appearance | Benchmark Mineral Intelligence.* [online] Available at: < https://www.benchmarkminerals.com/benchmarks-megafactory-tracker-exceeds-2-terawatt-hours-as-solid-state-makes-its-first-appearance/ > [Accessed 8 April 2021].

Benchmark Mineral Intelligence. 2019: US Senator Murkowski launches American Mineral Security Act at Benchmark Minerals Summit in Washington DC. [online] Available at: < https://www.benchmarkminerals.com/senator-murkowski-us-government-launch-american-minerals-security-act-at-benchmark-minerals-summit-in-washing-ton-dc/ > [Accessed 8 April 2021].

Business News. n.d. *Keith Coughlan.* [online] Available at: < https://www.businessnews.com.au/Person/Keith-Coughlan > [Accessed 8 April 2021].

Business.sohu.com. 2010. 赣锋锂业上市造富 诞生12名千万富翁. [online] Available at: < https://business.sohu.com/20100803/n273949130.shtml > [Accessed 1 April 2021].

CM Group. n. d. *Primary Aluminium | CM Group*. [online] Available at: < https://www.cmgroup.net/industries/primary-aluminium/ > [Accessed 6 April 2021].

CNBC. 2019. *White House Trade Advisor Peter Navarro Speaks with CNBC's "Squawk Box" Today*. [online] Available at: < https://www.cnbc.com/2019/09/10/cnbc-excerpts-white-house-trade-advisor-peter-navarro-speaks-with-cnbcs-squawk-box-today.html > [Accessed 8 April 2021].

Court, M., Rutland, T. and Dhokia, K., 2019. *China And The Environment—Industry Versus Air*. [online] Spglobal.com. Available at: < https://www.spglobal.com/marketintelligence/en/news-insights/research/china-and-the-environment-industry-versus-air > [Accessed 15 March 2021].

Dubois, O. & Thiery, D. (2013). *Litha and spodumene in glass*. Glass International. 36. 32 – 34.

Energymetalnews.com. 2018. *Nutrien is selling most of its stake in Chilean lithium miner for $4.07billion*. [online] Available at: < https://energymetalnews.com/2018/05/18/nutrien-is-selling-most-of-its-stake-in-chilean-lithium-miner-for-4-07-billion/ > [Accessed 7 April 2021].

ETAuto.com. 2019. *Was 2019 a year of cheer for electric vehicle industry in India?—ET Auto*. [online] Available at: < https://auto.economictimes.indiatimes.com/news/industry/was-2019-a-year-of-cheer-for-electric-vehicle-industry-in-india/72482624 > [Accessed 8 April 2021].

Europeanmet.com. 2017. *PRELIMINARY FEASIBILITY STUDY CONFIRMS CINOVEC AS POTENTIALLY LOW COST LITHIUM CARBONATE PRODUCER*. [online] Available at: < https://www.europeanmet.com/wp-content/uploads/2017/03/2017019_-_EMH_Completion_of_PFS-2.pdf > [Accessed 8 April 2021].

Ezrati, M. , 2019. *China's Rare Earth Ploy*. [online] Forbes. Available at: < https://www.forbes.com/sites/miltonezrati/2019/06/14/chinas-rare-earth-ploy/?sh=6e47df777b6c > [Accessed 6 April 2021].

Facada, M. , 2019. *Global lithium supply developing at accelerating pace on growing demand*. [online] Metalbulletin.com. Available at: < https://www.metalbulletin.com/Article/3868440/Global-lithium-supply-developing-at-accelerating-pace-on-growing-demand.html > [Accessed 15 March 2021].

Finance.sina.com.cn. 2016. 专访赣锋锂业董事长: 尽快挺进上游产品线. [online] Available at: < https://finance.sina.com.cn/roll/2016-09-21/doc-ifxvy-qwa3654069.shtml > [Accessed 9 March 2021].

Flaherty, N. , 2017. *EU warns on lack of battery manufacturing in Europe*. [online] eeNews Power. Available at: < https://www.cenews-power.com/news/eu-warns-lack-battery-manufacturing-europe > [Accessed 8 April 2021].

Forbes. n. d. *Andrej Babis*. [online] Available at: < https://www.forbes.com/profile/android-babis/?sh=37cd75ef21ee > [Accessed 8 April 2021].

Forbes. 2012. *1. Saudi Aramco—12.5 million barrels per day*. [online] Available at: < https://www.forbes.com/pictures/mef45ggld/1-saudi-aramco-12-5-million-barrels-per-day/?sh=323d5f9b6285 > [Accessed 7 April 2021].

Forbes. 2021. *Julio Ponce Lerou*. [online] Available at: < https://www.forbes.com/profile/julio-ponce-lerou/?sh=53e830595484 > [Accessed 7 April 2021].

Ft.com. 2020. *Fall of China's most profitable coal miner is a cautionary tale.* [online] Available at: < https://www.ft.com/content/flabbb06-3f7b-469a-bca8-1996b838da2a > [Accessed 7 April 2021].

Ganfeng Lithium Co., Ltd. 2019. *Ganfeng Lithium Annual Report 2018.* [online] Available at: < https://www1.hkexnews.hk/listedco/listconews/sehk/2019/0424/ltn201904241477.pdf > [Accessed 1 April 2021].

Geman, B., 2020. *Global electric vehicle sales topped 2 million in 2019.* [online] Axios. Available at: < https://www.axios.com/electric-vehicles-worldwide-sales-2fea9c70-411f-47d3-9ec6-487c7075482c.html > [Accessed 8 April 2021].

Hurun.net. 2019. *Hurun Report—Info—LEXUS Hurun China Rich List 2019.* [online] Available at: < https://www.hurun.net/en-US/Info/Detail?num=CE08472BB47d > [Accessed 7 April 2021].

IEA. 2020. *Electric Vehicles—Analysis.* [online] Available at: < https://www.iea.org/reports/electric-vehicles > [Accessed 8 April 2021].

Industry Europe. 2020. *ČEZ considering Czech lithium battery plant, says minister.* [online] Available at: < https://industryeurope.com/sectors/transportation/%C4%8Dez%C2%A0mulling-constructing-czech-li-ion-facility-says-minister/ > [Accessed 8 April 2021].

Industry Europe. 2021. *Aluminium groups call on G7 to cut back on subsides.* [online] Available at: < https://industryeurope.com/aluminium-groups-call-on-g7-to-cut-back-on-subsidies/ > [Accessed 6 April 2021].

Itdcw.com. 2018. 赣锋锂业董事长李良彬: 打造锂产业链"A + H"样板_电池网. [online] Available at: < https://www.itdcw.com/news/focus/0Z3955032018.html > [Accessed 9 March 2021].

Jamasmie, C., 2018. *Chile antitrust watchdog probing Tianqi buy of lithium miner stake.* [online] MINING.COM. Available at: < https://www.

mining. com/chile-antitrust-watchdog-probing-tianqi-buy-lithium-miner-stake/ > [Accessed 7 April 2021].

Jaskula, B. , 2020. *Lithium.* [online] Pubs. usgs. gov. Available at: < https://pubs. usgs. gov/periodicals/mcs2020/mcs2020-lithium. pdf > [Accessed 8 April 2021].

Jiaheu. com. 2015. 专访天齐锂业蒋卫平:从冷板凳到跨国并购-家核优居. [online] Available at: < https://www. jiaheu. com/topic/9116. html > [Accessed 7 April 2021].

Jones, T. , 2013. *Chinese millionaire fights pollution with thin air.* [online] Reuters. com. Available at: < https://www. reuters. com/article/us-china-pollution-cans/chinese-millionaire-fights-pollution-with-thin-air-idINBRE 90T0LM20130130?edition = redirect = in > [Accessed 15 March 2021].

Kane, M. , 2014. *Daimler Subsidiary Li-Tec Will Cease Lithium-Ion Battery Production In December* 2015. [online] InsideEVs. Available at: < https://insideevs. com/news/323946/daimler-subsidiary-li-tec-will-cease-lithium-ion-battery-production-in-december – 2015/ > [Accessed 8 April 2021].

Karlsson, F. , n. d. *Carey and Tianqi on the largest deal in the Chilean stock market history.* [online] Carey. d. Available at: < https://www. carey. cl/en/carey-and-tianqi-on-the-largest-deal-in-the-chilean-stock-market-history/ > [Accessed 7 April 2021].

Kawase, K. , 2020. *Chairman of China's Tianqi Lithium required to lend company* $117m. [online] Nikkei Asia. Available at: < https://asia. nikkei. com/Business/Markets/China-debt-crunch/Chairman-of-China-s-Tianqi-Lithium-required-to-lend-company – 117m > [Accessed 7 April 2021].

Lambert, F. , 2018. *LG is investing half a billion in its Polish battery* factory to increase production. [online] Electrek. Available at: < https://electrek.co/2018/11/30/lg-chem-polish-battery-factory-increase-pro-duction/ > [Accessed 8 April 2021].

LeVine, S., 2016. *The Powerhouse: America, China and the Great Battery War.* Penguin Books, pp. 65 – 72.

LinkedIn. n. d. *Ganfeng Lithium.* [online] Available at: < https://www.linkedin.com/company/ganfenglithium/ > [Accessed 2 April 2021].

LinkedIn n. d. [online] Available at: < https://www.linkedin.com/in/ecspcar/?originalSubdo main = se > [Accessed 8 April 2021].

Lin, K., Lu, X., Zhang, J. and Zheng, Y., 2020. 'State-owned enterprises in China: A review of 40-years of research and practice'. *China Journal of Accounting Research*, 13(1), pp. 31 – 55.

Livemint.com. 2021. *India asks state refiners to review oil import contracts with Saudi.* [online] Available at: < https://www.livemint.com/industry/energy/india-asks-state-refiners-to-review-oil-import-contracts-with-saudi – 11617358254052.html > [Accessed 8 April 2021].

Loveday, S., 2016. *Daimler CEO Says There's Massive Overcapacity In Battery Cell Market.* [online] InsideEVs. Available at: < https://insideevs.com.news/328596/daimler-ceo-says-theres-massive-over-capacity-in-battery-cell-market/ > [Accessed 8 April 2021].

Lowry, J., 2018. *E25: Not Lost in Translation.* [podcast] Global Lithium Podcast. Available at: < https://lithiumpodcast.com/podcast/e25-not-lost-in-translation-%E6%B2%A1%E6%9C%89%EF%BC%89%89%E8%BF%B7%E5%A4%B1%E5%9C%A8%E7%BF%BB%E8%AF%91%E8%AF%91%E8%AF%91%91%E4%B8%8%AD/ > [Accessed 9 March 2021].

MINING.COM. 2021. *Ganfeng ups stake in giant Mexico lithium clay* project. [online] Available at: < https://www.mining.com/ganfeng-signs-new-jv-agreement-for-sonora/ > [Accessed 6 April 2021].

Muller, R., 2017. *Miners eye Europe's largest lithium deposit in Czech Republic*. [online] Reuters.com. Available at: < https://www.reuters.com/article/us-czech-lithium-idUSKBN18Y25x > [Accessed 8 April 2021]

News.metal.com. 2018. *Decryption of China's four major salt lakes, five major refining technical routes! Everything about lithium extraction from the salt lake is here!_SMM | Shangbai Non ferrous Metals*. [online] Available at: < https://news.metal.com/newscontent/100911546/decryption-of-chinas-four-major-salt-lakes-five-major-refining-technical-routes-everything-about-lithium-extraction-from-the-salt-lake-is-here/ > [Accessed 6 April 2021].

Northvolt.com. n.d. *Production*. [online] Available at: < https://northvolt.com/production > [Accessed 8 April 2021].

Nutrien. n.d. *Potash*. [online] Available at: < https://www.nutrien.com/what-we-do/our-business/potash#:-:text = Nutrien%20is%20the%20world's%20largest, world's%20long%2Dterm%20potash%20needs. > [Accessed 7 April 2021].

Reiser, A., 2019. *LG Chem battery gigafactory in Poland to be powered by EBRD*. [online] Ebrd.com. Available at: < https://www.ebrd.com/news/2019/lg-chem-battery-gigafactory-in-poland-to-be-powered-by-ebrd.html > [Accessed 8 April 2021].

Reuters.com. 2019. *EU to investigate Hungarian state aid for Samsung SDI's battery cell plant*. [online] Available at: < https://www.reuters.com/article/us-eu-samsungsdi-hungary-idUKKBN1WT16m > [Accessed 8 April 2021].

Reuters.com. 2020. *Australia's IGO to take 25% stake in Greenbushes lithium mine from China's Tianqi.* [online] Available at: < https://www. reuters.com/article/us-tianqi-lithium-divestiture-igo-idUSK-BN28I39g > [Accessed 7 April 2021].

Sanderson, H., 2017. *Electric car demand sparks lithium supply fears.* [online] Ft. com. Available at: < https://www.ft.com/content/90d65356-4a9d-11e7-919a-1e14ce4af89b > [Accessed 15 March 2021].

Scheyder, E., 2018. *Inside Albemarle's quest to reinvent the lithium market.* [online] Reuters.com Available at: < https://www.reuters.com/article/us-albemarle-lithium-focus-idUSKCN1LF0Bj > [Accessed 6 April 2021].

Schott. com. n. d. *SCHOTT Xensation © product variants.* [online] Available at: < https://www.schott.com/en-us/products/xensation/product-variants > [Accessed 6 April 2021].

Shen, M. and Zhang, M., 2019. *China considers U.S. rare earth export curbs: Global Times editor.* [online] Reuters.com Available at: < https://www.reuters.com/article/us-China-usa-rareearth-idUSKCN1SY1Gk > [Accessed 6 April 2021].

Sherwood, D., 2020. *Exclusive: Lithium giants Albemarle and SQM battle over access to Atacama water study.* [online] Reuters.com Available at: < https://www.reuters.com/article/us-chile-lithium-albemarle-exclusive/exclusive-lithium-giants-albemarle-and-sqm-battle-over-access-to-atacama-water-study-idUKKBN27X10g > [Accessed 6 April 2021].

Sherwood, D. and Iturrieta, F., 2018. *Exclusive*: *Chile files complaint to block sale of SQM shares to Chinese companies.* [online] Reuters.com. Available at: < https://www.reuters.com/article/us-chile-lithium-china-exclusive-idUSKCN1GL2Lp > [Accessed 7 April 2021].

Siddiqui, H., 2019. *India looks at South America's Lithium Triangle to fulfil its increasing clean energy demands.* [online] The Financial Express. Available at: < https://www.financialexpress.com/defence/india-looks-at-south-americas-lithium-triangle-to-fulfil-its-increasing-clean-energy-demands/1484417/ > [Accessed 8 April 2021].

Simon, F., 2017. *European battery alliance launched in Brussels.* [online] www.euractiv.com. Available at: < https://www.euractiv.com/section/electric-cars/news/european-battery-alliance-launched-in-brussels/ > [Accessed 15 March 2021].

Sohu.com. 2019. 蒋卫平豪赌跨国并购 天齐锂业告别暴利时代_同比. [online] Available at: < https://www.sohu.com/a/331697041_100011510 > [Accessed 7 April 2021].

Statista. n. d. *Car production: Number of cars produced worldwide* 2018 | *Statista.* [online] Available at: < https://www.statista.com/statistics/262747/worldwide-automobile-production-since-2000/ > [Accessed 8 April 2021].

Stratiotis, E., 2020. *FUEL COSTS IN OCEAN SHIPPING.* [online] Morethanshipping.com. Available at: < https://www.morethanshipping.com/fuel-costs-ocean-shipping/ > [Accessed 8 April 2021].

Svobodova, K., 2017. *Minister: ANO head Babiš politicising lithium case.* [online] Prague Monitor/Czech News in English. Available at: < https://praguemonitor.com/news/national/11/10/2017/2017-10-11-minister-ano-head-babis-politicising-lithium-case/ > [Accessed 8 April 2021].

S25. q4cdn.com. 2018. *SQM Annual Report* 2018. [online] Available at: < https://s25.q4cdn.com/757756353/files/doc_financials/2018/ar/Memoria-Anual-2018_eng.pdf > [Accessed 7 April 2021].

Umicore. pl. n. d. *Nysa*. [online] Available at: < https://www.umicode.pl/en/our-sites/nysa/ >[Accessed 8 April 2021].

U. S. Senate Committee on Energy and Natural Resources. 2019. *Murkowski, Manchin, Colleagues Introduce Bipartisan Legislation to Strengthen America's Mineral Security*. [online] Available at: < https://www.energy.senate.gov/2019/5/murkowski-manchin-colleagues-introduce-bipartisan >[Accessed 8 April 2021].

van Mead, N., 2019. *22 of world's 30 most polluted cities are in India, Greenpeace says*. [online] The Guardian. Available at: < https://www.theguardian.com/cities/2019/mar/05/india-home-to-22-of-worlds-30-most-polluted-cities-greenpeace-says >[Accessed 8 April 2021].

Wattles, J., 2020. *Tesla delivered 367,500 cars last year*. [online] CNNbusiness. Available at: < https://edition.cnn.com/2020/01/03/tech/tesla-sales/index.html >[Accessed 8 April 2021].

Www2.deloitte.com. 2015. *Smartphone batteries: better but no breakthrough*. [online] Available at: < https://www2.deloitte.com/content/dam/Deloitte/global/Documents/Technology-Media-Telecommunications/gx-tmt-pred15-smartphone-batteries.pdf >[Accessed 6 April 2021].

Xianjichina.com. 2020. 赣锋锂业老总简介【赣锋锂业董事长李良彬】- 贤集网 [online] Available at: < https://www.xianjichina.com/news/details_118053.html >[Accessed 1 April 2021].

Xueqiu.com. 2019. 专访 | 天齐锂业董事长蒋卫平：不忘初心，坚守实业，我喜欢听机器轰隆隆的声音 天齐锂业创始人、董事长蒋卫平 锂，作为锂电产业的基础元素，被誉为是21世纪的"能源金属"和"推动世界前进的元素"。近年来……雪球. [online] Available at: < https://xueqiu.com/8255210434/132620802 >[Accessed 9 March 2021].

Zhang, M. and Daly, T. , 2020. *China's Tianqi postpones commissioning of Australia lithium plant amid liquidity problems*. [online] Reuters. com. Available at: < https://www. reuters. com/article/tianqilithium-australia-idUSL4N2BF0De > [Accessed 8 April 2021].

2019. *Ganfeng Lithium Annual Report* 2018. [online] Available at: < https://www1. hkexnews. hk/listedco/listconews/sehk/2019/0424/ltn2019 04241477. pdf > [Accessed 1 April 2021].

第三章 "锂三角"

Albemarle. com. n. d. *North America | Lithium Sites & Contacts | Albemarle*. [online] Available at: < https://www. albemarle. com/businesses/lithium/locations/north-america > [Accessed 11 April 2021].

Americaeconomia. com. 2015. *SQM asegura que entregó de US $8, 2 millones para política en Chile*. [online] Available at: < https://www. americaeconomia. com/negocios-industrias/sqm-asegura-que-entrego-de-us82-millones-para-politica-en-chile > [Accessed 10 April 2021].

Aravena, L. , 2014. *J. Ponce: "Si su excelencia el Presidente no hubiera participado en las cascadas, no habría caso cascadas"*. [online] La Tercera. Available at: < https://www. latercera. com/noticia/j-ponce-si-su-excelencia-el-presidente-no-hubicra-participado-en-las-cascadas-no-habria-caso-cascadas/ > [Accessed 10 April 2021].

Archive. org. 1975. *Covert Action in Chile* 1963 – 73. [online] Available at: < https://archive. org/details/Covert-Action-In-Chile-1963 – 1973/page/n5/mode/2up > [Accessed 9 April 2021].

Arellano, A. , 2018. *SQM-CORFO: las jugadas maestras que consolidaron el poder de Ponce Lerou*. [online] CIPER Chile. Available at: < https://www. ciperchile. cl/2018/06/13/sqm-corfo-las-jugadas-maestras-queconsolidaron-el-poder-de-ponce-lerou/ > [Accessed 11 April 2021].

Argusmedia. com. 2020. *Argentina hints at incentives for lithium investment.* [online] Available at: < https://www.argusmedia.com/en/news/2160377-argentina-hints-at-incentives-for-lithium-investment#:~:text=Argentina%20has%20the%20world's%20third,undergoing%20a%20preliminary%20economic%20assessment. > [Accessed 12 April 2021].

BBC News. 2014. *Chile fines Pinochet's ex son-in-law Julio Ponce.* [online] Available at: < https://www.bbc.co.uk/news/world-latin-american-29042478 > [Accessed 9 April 2021].

BNamericas. com. 2015. *SQM fires back at Corfo over land concession payments.* [online] Available at: < https://www.bnamericas.com/en/news/sqm-fires-back-at-corfo-over-land-concession-paymentsl > [Accessed 11 April 2021].

BNamericas. com. 2016. *Corfo launches 2nd arbitration process against SQM.* [online] Available at: < https://www.bnamericas.com/en/news/corfo-launches-2nd-arbitration-process-against-sqml > [Accessed 11 April 2021].

BNamericas. com. 2016. *SQM hits back in dispute with state agency.* [online] Available at: < https://www.bnamericas.com/en/news/sqm-hits-back-in-dispute-with-state-agency/?position=687864 > [Accessed 11 April 2021].

BNamericas. com. 2016. *SQM rejects Corfo's new arbitration request.* [online] Available at: < https://www.bnamericas.com/en/news/sqm-rejects-corfos-new-arbitration-request1 > [Accessed 11 April 2021].

BNamericas. com. 2017. *SQM fails to reach agreement with Corfo.* [online] Available at: < https://www.bnamericas.com/en/news/sqm-fails-to-reach-agreement-with-corfo > [Accessed 16 March 2021].

BNamericas. com. 2019. *Alberto Fernández meet miners to ease investment fears*. [online] Available at: < https://www.bnamericas.com/en/features/alberto-fernandez-meets-miners-to-ease-investment-fears > [Accessed 12 April 2021].

BNamericas. com. 2020. *Eramet abandons US $600mn Argentina lithium project*. [online] Available at: < https://www.bnamericas.com/en/news/eramet-abandons-us600mn-argentina-lithium-project > [Accessed 12 April 2021].

Chung, J. and Sherwood, D., 2019. *South Korea's POSCO drops plans for Chilean battery material plant*. [online] Reuters. com. Available at: < https://www.reuters.com/article/us-chile-lithium-posco-idUSKCN1TM2Lr > [Accessed 11 April 2021].

Cmfchile. cl. 2014. *SVS sanciona a personas, ejecutivos y corredora de bolsa en el marco de la investigación sobre Sociedades Cascada—CMF Chile—Prensa y Presentaciones*. [online] Available at: < https://www.cmfchile.cl/portal/prensa/615/w3-article-17480.html > [Accessed 10 April 2021].

CNN. 2013. *Abogado querellante detalló el caso de las empresas "cascadas"*. [video] Available at: < https://www.youtube.com/watch?v=wTeO480-TtU&t=592s > [Accessed 10 April 2021].

Cofré, V., 2016. *El mapa político de los pagos de SQM*. [online] La Tercera. Available at: < https://www.latercera.com/noticia/el-mapa-politico-de-los-pagos-de-sqm/ > [Accessed 10 April 2021].

Cofré, V., 2019. *Ponce Lerou. Pinochet—el litio—las Cascadas—las platas políticas*. Santiago, Chile: Editorial Catalonia (Kindle edition).

Craze, M. and Quiroga, J., 2014. *SQM's Ponce Fined $70 Million in*

Record Chile Sanctions. [online] Bloomberg.com. Available at: < https://www.bloomberg.com/news/articles/2014 - 09 - 02/sqm-s-ponce-fined-70-million-in-record-chile-sanctions? sref = TtblOutp > [Accessed 10 April 2021].

Cubillos, C., Aguilar, P., Grágeda, M. and Dorador, C., 2018. 'Microbial Communities From the World's Largest Lithium Reserve, Salar de Atacama, Chile: Life at High LiCl Concentrations'. *Journal of Geophysical Research: Biogeosciences*, 123(12), pp. 3668 - 3681.

Encyclopedia.com. n.d. *AMAX Inc*. [online] Available at: < https://www.encyclopedia.com/books/politics-and-business-magazines/amaxinc > [Accessed 11 April 2021].

Eramet.com. 2012. *Transforming much more than ore*. [online] Available at: < https://www.eramet.com/sites/default/files/2019 - 05/eramet_reference_document_2012.pdf > [Accessed 12 April 2021].

Eramet.com. 2020. *Eramet: a leader in battery recycling in Europe?* [online] Available at: < https://www.eramet.com/en/eramet-leader-battery-recycling-europe > [Accessed 12 April 2021].

Fighter, F., 2019. *SQM: Even More Pain Ahead For Lithium*. [online] Seekingalpha.com. Available at: < https://seekingalpha.com/article/4287556-sqm-even-pain-ahead-for-lithium > [Accessed 10 April 2021].

Forbes. 2020. *Donald Trump*. [online] Available at: < https://www.forbes.com/profile/donald-trump/? sh = 2da34caa47bd > [Accessed 10 March 2020].

Forbes. 2020. *Sebastian Piñera & family*. [online] Available at: < https://www.forbes.com/profile/sebastian-pinera/? sh = 7d839eae7a75 > [Accessed 10 March 2020].

Ft. com. 2016. *Lunch with the FT: Ali al-Naimi on two decades as Saudi's oil king*. [online] Available at: < https://www.ft.com/content/348ce86c-ac19-11e6-ba7d-76378e4fef24 >[Accessed 15 March 2021].

Guzman, J., Faundez, P., Jara, J. and Retamal, C., 2021. *Role Of Lithium Mining On The Water Stress Of The Salar De Atacama Basin*.

Indmin. com. 2015. *What to expect from the Chilean lithium industry after the National Commission's advancement plan?* [online] Available at: < https://www.indmin.com/events/download.ashx/document/speaker/8180/a0ID000000X0kKuMAJ/Presentation > [Accessed 11 April 2021].

Jaskula, B., 2020. *Lithium*. [online] Pubs. usgs. gov. Available at: < https://pubs.usgs.gov/periodicals/mcs2020/mcs2020-lithium.pdf > [Accessed 8 April 2021].

Katwala, A., 2018. *The spiralling environmental cost of our lithium battery addiction*. [online] WIRED UK. Available at: < https://www.wired.co.uk/article/lithium-batteries-environment-impact > [Accessed 16 March 2021].

La Tercera. 2019. *La relación de Julio Ponce Lerou y su exsuegro, "Don Augusto"*. [online] Available at: < https://www.latercera.com/la-tercera-domingo/noticia/la-relacion-julio-ponce-lerou-exsuegro-don-augusto/938782/ >[Accessed 9 April 2021].

Lambert, F., 2017. *Tesla officials visit Argentina's Gorvernor of Salta for solar + storage projects and sourcing lithium*. [online] Electrek. Available at: < https://electrek.co/2017/05/04/tesla-argentina-solar-storage-lithium/ >[Accessed 12 April 2021].

Lombrana, L., 2019. *Lithium-Rich Chile Seeks to Become Major Player in Battery Sector*. [online] Transport Topics. Available at: < https://www.

ttnews. com/articles/lithium-rich-chile-seeks-become-major-player-battery-sector >[Accessed 11 April 2021].

Lowry, J., Hersh, E., Galli, D., Galli, C. and Alvarado, D., 2018. *Episode 11: Lithium Family Values in Argentina.* [podcast] Global Lithium Podcast. Available at: < https://lithiumpodcast.com/podcast/e11-lithium-family-values-in-argentina/ >[Accessed 15 March 2021].

Maxwell, P., 2013. Analysing the lithium industry: Demand, supply, and emerging developments. *Mineral Economics,* 26(3), pp. 97 – 106.

Metalbulletin. com. n. d. *Molymet—Molibdenos y Metales SA | Metal Bulletin Company Database.* [online] Available at: < https://www.metalbulletin.com/companydata/Basic-Information/Molymet-Molibdenos-y-Metales-SA/782 >[Accessed 11 April 2021].

Miningglobal. com. 2019. *Exclusive: Wealth Minerals—"Chile can be the Saudi Arabia of lithium" | Supply Chain & Operations | Mining Global.* [online] Available at: < https://www.miningglobal.com/supply-chain-and-operations/exclusive-wealth-minerals-chile-can-be-saudi-arabia-lithium >[Accessed 10 April 2021].

Mitchell, C., 2018. *Is Pinochet's shadow over Chile beginning to recede?.* [online] Aljazeera. com. Available at: < https://www.aljazeera.com/news/2018/9/11/is-pinochets-shadow-over-chile-beginning-to-recede >[Accessed 16 March 2021].

Obbekær, M. and Mortensen, N., 2019. *How much water is used to make the world's batteries?* [online] Danwatch. dk. Available at: < https://danwatch.dk/en/undersoegelse/how-much-water-is-used-to-make-the-worlds-batteries/ >[Accessed 12 April 2021].

Ober, J., 1995. *Lithium.* [online] S3-us-west 2. amazonaws. com. Available at: < https://s3-us-west-2. amazonaws. com/prd-wret/assets/palladium/production/mineral-pubs/lithium/450495. pdf > [Accessed 15 March 2021].

Perotti, R. and Coviello, M. , 2015. *GOVERNANCE OF STRATEGIC MINERALS IN LATIN AMERICA: THE CASE OF LITHIUM.* [online] Cepal. org. Available at: < https://www. cepal. org/sites/default/files/publication/files/38961/S1500861_en. pdf > [Accessed 11 April 2021].

Reuters. com. 2007. *UPDATE 3-Chile's LAN director Pinera fined over share trade.* [online] Available at: < https://www. reuters. com/article/chile-lan-pinera-idUKN0619647720070706 > [Accessed 10 April 2021].

Reuters. com. 2014. *Chile securities regulator levies $164 million fine in SQM probe.* [online] Available at: < https://www. reuters. com/artide/us-chile-sqm-fine-idUSKBN0GX28V2014090 2 > [Accessed 15 March 2021].

Reuters. com. 2016. *Chile begins new arbitration against SQM over contract dispute.* [online] Available at: < https://www. reuters. com/article/sqm-arbitration-idLTAL2N18K1F1 > [Accessed 11 April 2021].

Reuters. com. 2019. *Chilean lithium exports continue rise, to $949 mln in 2018—central bank.* [online] Available at: < https://www. reuters. com/article/chile-lithium-idUSL1N1Z700u > [Accessed 10 April 2021].

Reuters. com. 2020. *France's Eramet freezes lithium mine project in Argentina.* [online] Available at: < https://www. reuters. com/article/us-eramet-results-idUSKBN20D2Kp > [Accessed 12 April 2021].

Peyrille, A. , 2015. *Argentina's Mine Industry Doubles Down on Lithium.* [online] Industry Week. Available at: < https://www. industryweek. com/the-economy/environment/article/21966108/argentinas-mine-industry-doubles-down-on-lithium > [Accessed 12 April 2021].

Roskill. com. 2018. *Lithium: Corfo and SQM settle differences, agree new Salar de Atacama license.* [online] Available at: < https://roskill.com/news/lithium-corfo-sqm-settle-differences-agree-new-salar-de-atacama-license/ >[Accessed 11 April 2021].

Sanderson, H., 2016. *Lithium: Chile's buried treasure.* [online] Ft. com. Available at: < https://www.ft.com/countent/cde8f984-43c7-11e6-b22f-79eb4891c97d > [Accessed 16 March 2021].

Sanderson, H., 2018. *Chilean billionaire Ponce Lerou rejoins lithium producer SQM.* [online] Ft. com. Available at: < https://www.ft.com/content/225ab6a4-68e4-11e8-b6eb-4acfcfb08c11 >[Accessed 9 April 2021].

Sec. gov. 2017. *SEC. gov | Chemical and Mining Company in Chile Paying $ 30 Million to Resolve FCPA Cases.* [online] Available at: < https://www.sec.gov/news/pressrelease/2017-13.html >[Accessed 10 April 2021].

Sec. gov. 2018. *ORDER INSTITUTING CEASE-AND-DESIST PROCEEDINGS, PURSUANT TO SECTION 21C OF THE SECURITIES EXCHANGE ACT OF 1934, MAKING FINDINGS, AND IMPOSING REMEDIAL SANCTIONS AND A CEASE-AND-DESIST ORDER.* [online] Available at: < https://www.sec.gov/litigation/admin/2018/34-84280.pdf >[Accessed 10 April 2021].

Sherwood, D., 2019. *Exclusive: Chile nuclear watchdog weighs probe into fraud over lithium exports—documents.* [online] Reuters. com. Available at: < https://www.reuters.com/article/us-chile-lithium-exclusive-idUSKCN1P91Yg >[Accessed 11 April 2021].

Sherwood, D., 2019. *Molymet drops plans for battery parts factory in Chile.* [online] Reuters. com. Available at: < https://www.reuters.com/article/chile-lithium/molymet-drops-plans-for-battery-parts-factory-in-chile-idUKL2N24E04t > [Accessed 11 April 2021].

Sherwood, D., 2019. *RPT-FOCUS-How lithium-rich Chile botched a plan to attract battery makers.* [online] Reuters. com. Available at: < https://www.reuters.com/article/chile-lithium-idUSL2N24H1W8 > [Accessed 11 April 2021].

SQM. n. d. *Our History.* [online] Available at: < https://www.sqm.com/en/acerca-de-sqm/informacion-corporativa/nuestra-historia/ > [Accessed 12 April 2021].

Srk. com. n. d. *South America: Salar De Uyuni Brine Deposit.* [online] Available at: < https://www.srk.com/en/publications/south-america-salar-de-uyuni-brine-deposit > [Accessed 12 April 2021].

Statista. 2020. *Copper export value in Chile* 2019. [online] Available at: < https://www.statista.com/statistics/795592/chile-value-of-copper-exports/ > [Accessed 10 April 2021].

Steinbild, M., 2018. *SQM reached Agreement with CORFO: steinbildconsulting. com* [online] Steinbildconsulting. com. Available at: < https://www.steinbildconsulting.com/index.php/blog/sqm-reached-agreement-corfo > [Accessed 11 April 2021].

Talens Peiró, L., Villalba Méndez, G. and Ayres, R., 2013. 'Lithium: Sources, Production, Uses, and Recovery Outlook'. *JOM*, 65 (8), pp. 986 – 996.

Today's Motor Vehicles. 2016. *FMC to triple lithium hydroxide production to feed electric vehicle demand.* [online] Available at: < https://www.todaysmotorvehicles.com/article/fmc-lithium-expansion-electric-vehicles-battery-052416/ > [Accessed 11 April 2021].

Trendeconomy. com. n. d. *Saudi Arabia ǀ Imports and Exports ǀ World ǀ ALL COMMODITIES ǀ Value（US $）and Value Growth, YoY（%）ǀ 2008 - 2019.* [online] Available at: < https: //trendeconomy. com/data/h2/Saudi-Arabia/TOTAl > [Accessed 10 April 2021].

Un. org. n. d. *United Nations Declaration on the Rights of Indigenous Peoples.* [online] Available at: < https: //www. un. org/development/desa/indigenouspeoples/wp-content/uploads/sites/19/2019/01/UNDRIP_E_web. pdf > [Accessed 12 April 2021].

Urquieta, C. and Sepulveda, N. , 2014. *Los grupos económicos chilenos van de tour por los paraísos fiscales.* [online] El Mostrador. Available at: < https: //www. elmostrador. cl/mercados/destacados-mercado/2014/11/19/los-grupos-economicos-chilenos-van-de-tour-por-los-paraisos-fiscales/ > [Accessed 9 April 2021].

Vargas Rojas, V. , 2014. *Quién es Julio Ponce Lerou? El funcionario público yerno de Pinochet que se convirtió en millonario.* [online] El Desconcierto—Prensa digital libre. Available at: < https: //www. eldesconcierto. cl/nacional/2014/09/03/quien-es-julio-ponce-lerou-el-funcionario-publico-que-se-convirtio-en-millonario. html > [Accessed 9 April 2021].

Vasquez, M. , 2019. *Un breve análisis del caso Cascadas: buen gobierno corporativo, interés social y responsabilidades de los administradores.* [online] Elmercurio. com. Available at: < https: //www. elmercurio. com/legal/movil/detalle. aspx? Id = 907523&Path =/0D/D9/ > [Accessed 10 April 2021].

Wits. worldbank. org. n. d. *Chile Trade Summary 2018 ǀ WITS ǀ Text.* [online] Available at: < https: //wits. worldbank. org/CountryProfile/en/Country/CHL/Year/LTST/Summarytext > [Accessed 10 April 2021].

Yáñez, D. , 2016. *De Corfo a SQM: El evidente conflicto de interés de Rafael Guilisasti.* [online] El Ciudadano. Available at: < https://www.elciudadano.com/economia/de-corfo-a-sqm-el-evidente-conflicto-de-interes-de-rafael-guilisasti/09/16/ > [Accessed 11 April 2021].

Zulver, J. and Youkee, M. , 2018. *Mystical islanders divided over Chile's giant bridge project.* [online] Reuters.com. Available at: < https://www.reuters.com/article/us-chile-landrights-island-idUSKCN1GD5Je > [Accessed 16 March 2021].

第四章 锂矿界的沙特阿拉伯

Abelvik-Lawson, H. , 2019. 'Indigenous Environmental Rights, Participation and Lithium Mining in Argentina and Bolivia: A Socio-Legal Analysis'. *PhD thesis, University of Essex,* [online] Available at: < https://repository.essex.ac.uk/25797/1/Helle%20A-L%20THESIS%20FINAL.pdf > [Accessed 18 March 2021].

Aljazeera.com. 2017. *The changing landscape of Bolivia's salt flats.* [online] Available at: < https://www.aljazeera.com/gallery/2017/5/3/the-changing-landscape-of-bolivias-salt-flats > [Accessed 12 April 2021].

Belghaus, N. and Franke, F. , 2020. *Lithiumgewinnung in Bolivien: Alles auf WeiB.* [online] Taz.de. Available at: < https://taz.de/Lithiumgewinnung-in-Bolivien/!5709257/ > [Accessed 13 April 2021].

Benchmark Mineral Intelligence. 2020. *Bolivia presidential candidate Luis Arce outlines Lithium First Industrial Strategy; Benchmark advising on commercial strategy.* [online] Available at: < https://www.benchmarkminerals.com/membership/bolivia-presidential-candidate-luis-arce-outlines-lithium-first-industrial-strategy-benchmark-advising-on-commercial-strategy/ > [Accessed 13 April 2021].

Dube, J., 2019. *Bolivian President Resigns After Re-Election Marred by Fraud Allegations.* [online] Wall Street Journal. Available at: < https://www.wsj.com/articles/bolivia-s-president-evo-morales-calls-for-new-presidential-elections – 11573391449 > [Accessed 12 April 2021].

DW. COM. 2019. *Bolivians protest over lithium deal with German company.* [online] Available at: < https://www.dw.com/en/bolivians-protest-over-lithium-deal-with-german-company/a – 50732216 > [Accessed 12 April 2021].

ECM. n.d. *PV equipment manufacturer Industrial PV Furnaces.* [online] Available at: < https://ecm-greentech.fr/ > [Accessed 12 April 2021].

Economist.com. 1999. *Tin Soldiers.* [online] Available at: < https://www.economist.com/the-american/1999/01/07/tin-soldiers > [Accessed 12 April 2021].

Engdahl, F., 2009. *Russia and Bolivia to Launch Gas Joint Venture.* [online] Archive.globalpolicy.org. Available at: < https://archive.globalpolicy.org/challenges-to-the-us-empire/the-rise-of-competitors/48328-russia-and-bolivia-to-launch-gas-joint-venture.html > [Accessed 12 April 2021].

France 24. 2019. *Morales claims US orchestrated 'coup' to tap Bolivia's lithium.* [online] Available at: < https://www.france24.com/en/20191224-morales-claims-us-orchestrated-coup-to-tap-bolivia-s-lithium > [Accessed 12 April 2021].

Francois, I., 2010. *Bolloré et Eramet vont chercher du lithium in Argentine.* [online] Les Echos. Available at: < https://www.lesechos.fr/2010/02/bollore-et-eramet-vont-chercher-du-lithium-en-argentine-418145 > [Accessed 12 April 2021].

Fuentes, F., 2013. *Nationalization puts wealth in hands of the Bolivian people*. [online] Canadiandimension. com. Available at: < https://canadiandimension. com/articles/view/nationalisation-puts-wealth-in-hands-of-the-bolivian-people > [Accessed 12 April 2021].

Garcia, E. , 2009. *RPT-INTERVIEW-LG may seek to tap Bolivian lithium deposit*. [online] Reuters. com. Available at: < https://www. reuters. com/article/bolivia-lithium/rpt-interview-lg-may-seek-to-tap-bolivian-lithium-deposit-idUKN0954338620090209 > [Accessed 12 April 2021].

Greenfield, P. , 2016. *Story of cities #6: how silver turned Potosí into 'the first city of capitalism'*. [online] The Guardian. Available at: < https://www. theguardian. com/cities/2016/mar/21/story-of-cities-6-potosi-bolivia-peru-inca-first-city-capitalism > [Accessed 12 April 2021].

Ingram, T. , 2017. *Olaroz: Orocobre's high-altitude lithium challenge*. [online] Australian Financial Review. Available at: < https://www. afr. com/companies/mining/olaroz-orocobres-highaltitude-lithium-challenge-20171110-gzigx4 > [Accessed 12 April 2021].

Jemio, M. , 2020. *Bolivia rethinks how to industrialize its lithium amid political transition*. [online] Dialogo Chino. Available at: < https://dialogochino. net/en/extractive-industries/35423-bolivia-rethinks-how-to-industrialize-its-lithium-amid-political-transition/ > [Accessed 13 April 2021].

Kurmanaev, A. and Krauss, C. , 2019. *Ethnic Rifts in Bolivia Burst Into View With Fall of Evo Morales (Published 2019)*. [online] Nytimes. com. Available at: < https://www. nytimes. com/2019/11/15/world/americas/morales-bolivia-Indigenous-racism. html > [Accessed 12 April 2021].

Lithium Today. 2018. *Lithium supply in Bolivia*. [online] Available at: < https://lithium. today/lithium-supply-by-countries/lithium-supply-bolivia/ > [Accessed 12 April 2021].

Lithium Today. 2018. *With experts on lithium (series)—JUAN CARLOS ZULETA*. [online] Available at: < https://lithium.today/expert-lithium-series/ > [Accessed 18 March 2021].

Londoño, E., 2019. *Bolivian Leader Evo Morales Steps Down (Published* 2019). [online] Nytimes.com. Available at: < https://www.nytimes.com/2019/11/10/world/americas/evo-morales-bolivia.html > [Accessed 12 April 2021].

McCrae, M., 2015. *Orocobre's lithium plant is up and running.* [online] MINING.COM. Available at: < https://www.mining.com/orocobres-lithium-plant-is-up-and-running-32706/ > [Accessed 12 April 2021].

M. eldiario. net. 2020. *Detener proyecto del litio sería "duro revés" para relaciones.* [online] Available at: < https://www.eldiario.net/movil/index.php?n = 23&a = 2020&m = 01&d = 23 # closem > [Accessed 13 April 2021].

Nienaber, M., 2020. *Germany to urge next Bolivian leaders to revive lithium deal.* [online] Reuters.com. Available at: < https://www.reuters.com/article/us-germany-bolivia-lithium-idUSKBN1ZM1Ip > [Accessed 13 April 2021].

Obayashi, Y., 2019. *Japan's SMM aims to double battery material capacity in nine years.* [online] Reuters.com. Available at: < https://www.reuters.com/article/us-sumitomo-mtl-min-metals-idUSKCN1SN0J6 > [Accessed 12 April 2021].

Preuss, S., 2019. *So schnell geben die Schwaben das Lithium-Projekt nicht verloren.* [online] FAZ.NET. Available at: < https://www.faz.net/aktuell/wirtschaft/unternehmen/so-schnell-gibt-aci-das-lithium-project-nicht-verloren-16470092.html > [Accessed 12 April 2021].

Ramos, D., 2019. *Bolivia picks Chinese partner for $2.3 billion lithium projects*. [online] Reuters. com. Available at: < https://www.reuters.com/article/us-bolivia-lithium-china-idUSKCN1PV2F7 > [Accessed 12 April 2021].

Refworld. 2012. *State of the World's Minorities and Indigenous Peoples 2012—Bolivia*. [online] Available at: < https://www.refworld.org/docid/4fedb407c.html > [Accessed 12 April 2021].

Reuters. com. 2019. *Bolivia's lithium partnership with Germany's ACI Systems hits snag*. [online] Available at: < https://www.reuters.com/article/us-bolivia-germany-lithium-idUSKBN1XE01n > [Accessed 12 April 2021].

Rfi. fr. 2009. *Be partners not predators, Morales warns French firms on Paris visit*. [online] Available at: < https://www1.rfi.fr/actuen/articles/110/article_2926.asp > [Accessed 12 April 2021].

Romero, S., 2009. *In Bolivia, Untapped Bounty Meets Nationalism* (*published* 2009). [online] Nytimes. com. Available at: < https://www.nytimes.com/2009/02/03/world/americas/03lithium.html > [Accessed 12 April 2021].

Telesurenglish. net. 2019. *Bolivia to Introduce First Domestically-Made Electric Vehicle*. [online] Available at: < https://www.telesurenglish.net/news/Bolivia-to-Introduce-First-Domestically-Made-Electric-Vehicle-20191002-0015.html > [Accessed 12 April 2021].

Wikileaks. org. 2009. *Cable: 09LAPAZ267_a*. [online] Available at: < https://wikileaks.org/plusd/cables/09LAPAZ267_a.html > [Accessed 18 March 2021].

第五章　我们真的在让世界变得更好吗？

Amnesty. org. 2016. *"THIS IS WHAT WE DIE FOR" HUMAN RIGHTS*

ABUSES IN THE DEMOCRATIC REPUBLIC OF THE CONGO POWER THE GLOBAL TRADE IN COBALT. [online] Available at: < https://www.amnesty.org/download/Documents/AFR6231832016ENGLISH.pdf > [Accessed 18 March 2021].

Appunn, K., Haas, Y. and Wettengel, J., 2021. *Germany's energy consumption and power mix in charts.* [online] Clean Energy Wire. Available at: < https://www.cleanenergywire.org/factsheets/germanys-energy-consumption-and-power-mix-charts > [Accessed 13 April 2021].

Argusmedia.com. 2020. *Cobalt giants back changes to DRC artisanal mining.* [online] Available at: < https://www.argusmedia.com/en/news/2135154-cobalt-giants-back-changes-to-drc-artisanal-mining > [Accessed 13 April 2021].

BBC News. n.d. *Dan Gertler—the man at the centre of DR Congo corruption allegations.* [online] Available at: < https://www.bbc.com/news/world-africa-56444576 > [Accessed 13 April 2021].

Benchmark Mineral Intelligence. 2019. *Glencore closes Mutanda mine, 20% of global cobalt supply comes offline.* [online] Available at: < https://www.benchmarkminerals.com/glencore-closes-mutanda-mine-20-of-global-cobalt-supply-comes-offline/ > [Accessed 13 April 2021].

Burgis, T, 2017. *Why Glencore bought Israeli tycoon out of Congo mines.* [online] Ft.com. Available at: < https://www.ft.com/content/8c4de26e-0366-11e7-acc0-1ce02ef0def9 > [Accessed 13 April 2021].

Comtrade.un.org. 2021. *Download trade data | UN Comtrade: International Trade Statistics.* [online] Available at: < https://comtrade.un.org/data > [Accessed 13 April 2021].

Cruz, E., 2017. *Philippines' Duterte warns miners: 'I will tax you to* death'. [online] Reuters. com. Available at: < https://www. reuters. com/article/us-philippines-duterte-mining-idUSKBN1A90Xd > [Accessed 14 April 2021].

Desjardins, J., 2017. *Nickel: The Secret Driver of the Battery Revolution.* [online] Visual Capitalist. Available at: < https://www. visualcapitalist. com/nickel-secret-driver-battery-revolution/ > [Accessed 19 March 2021].

Gerretsen, I., 2020. *Japan net zero emissions pledge puts coal in the spot-light.* [online] Climate Home News. Available at: < https://www. climatechangenews. com/2020/10/26/japan-net-zero-emissions-pledge-puts-coal-spotlight/#: ~ : text = Japan% 20is% 20the% 20world's% 20fifth, third% 20of% 20its% 20electricity% 20generation. > [Accessed 13 April 2021].

Glencore. 2017. *Glencore purchases stakes in Mutanda and Katanga.* [online] Available at: < https://www. glencore. com/media-and-insights/news/glencore-purchases-stakes-in-mutanda-and-katanga > [Accessed 13 April 2021].

Global Witness. 2019. *Why cutting off artisanal miners is not responsible sourcing.* [online] Available at: < https://www. globalwitness. org/en/blog/why-cutting-artisanal-miners-not-responsible-sourcing/ > [Accessed 13 April 2021].

Grant, A., Deak, D. and Pell, R., 2020. *The CO2 Impact of the 2020s Battery Quality Lithium Hydroxide Supply Chain.* [online] Jade Cove Partners. Available at: < https://www. jadecove. com/research/liohco-2impact > [Accessed 13 April 2021].

Grant, A., Hersh, E., Galli, C., Jimenez, D. and Brooker, M., 2020. *Is Lithium Brine Water?—Anti-Webinar Summary & Conclusions.* [online] Jade Cove Partners. Available at: < https://www. jadecove. com/research/islithiumbrinewaterantiwebinar > [Accessed 13 April 2021].

Hickman, L., 2012. *Are electric cars bad for the environment? | Leo Hickman.* [online] The Guardian. Available at: < https://www.the-guardian.com/environment/blog/2012/oct/05/electric-cars-emissions-bad-environment > [Accessed 13 April 2021].

InsideEVs. 2020. *According To Tesla CEO Elon Musk, This Metal Is The New Gold.* [online] Available at: < https://insideevs.com/news/440582/elon-musk-lithium-ion-battery-nickel-is-new-gold/ > [Accessed 13 April 2021].

Interbrand. n. d. *Four decades of growth for a global leader.* [online] Available at: < https://interbrand.com/work/bmw-2/ > [Accessed 13 April 2021].

Kisangani, N., 2000. 'Congo (Zaire): Corruption, Disintegration, and State Failure'. E. Wayne Nafziger, Frances Stewart and Raimo Väyrynen (eds), *War, Hunger, and Displacement, Volume* 2. Oxford, UK: Oxford University Press, pp. 261 – 294.

Lezhnev, S., 2016. *Why You Can't Call Congo a Failed State.* [online] Time. Available at: < https://time.com/4545223/why-you-cant-call-congo-a-failed-state/ > [Accessed 13 April 2021].

López, R., 2015. *Bolivia's lithium boom: dream or nightmare?.* [online] openDemocracy. Available at: < https://www.opendemocracy.net/en/democraciaabierta/bolivia-s-lithium-boom-dream-or-nightmare/ > [Accessed 13 April 2021].

McCarthy, N., 2018. *China Produces More Cement Than The Rest Of The World Combined [Infographic].* [online] Forbes. Available at: < https://www.forbes.com/sites/niallmccarthy/2018/07/06/china-produces-more-cement-than-the-rest-of-the-world-combined-infographic/?sh = 74122ff36881

>[Accessed 13 April 2021].

MINING. COM. 2020. *Cobalt price: BMW avoids the Congo conundrum—for now.* [online] Available at: < https://www.mining.com/cobalt-price-bmw-avoids-the-congo-conundrum-for-now/ >[Accessed 18 March 2021].

Morse, L, 2019. *In Indonesia, a tourism village holds off a nickel mine—for now.* [online] Mongabay Environmental News. Available at: < https://news.mongabay.com/2019/12/in-indonesia-a-tourism-village-holds-off-a-nickel-mine-for-now/ >[Accessed 18 March 2021].

News. metal. com. 2020. *Output data of Battery Materials in China in 2019: lithium hydroxide is expected to break out in the contradiction between supply and demand of Lithium Salt_ SMM | Shanghai Non ferrous Metals.* [online] Available at: < https://news.metal.com/newscontent/101017564/%5Bsmm-analysis%5D-output-data-of-battery-materials-in-china-in-2019:-lithium-hydroxide-is-expected-to-break-out-in-the-contradiction-between-supply-and-demand-of-lithium-salt/ >[Accessed 13 April 2021].

Reuters. com. 2018. *Congo declares cobalt 'strategic', nearly tripling royalty rate.* [online] Available at: < https://www.reuters.com/article/us-congo-cobalt-idUSKBN1O220d >[Accessed 13 April 2021].

Reuters. com. 2019. *Indonesia hopes for environmental nod soon for battery-grade nickel plants.* [online] Available at: < https://www.reuters.com/article/us-indonesia-nickel-environment-idUSKBN1XS1Sq > [Accessed 14 April 2021].

Shengo, M., Kime, M., Mambwe, M. and Nyembo, T., 2019. 'A review of the benefaction of copper-cobalt-bearing minerals in the Democratic Republic of Congo'. *Journal of Sustainable Mining*, 18(4), pp. 226–246.

Sherwood, D., 2018. *Chilean regulators reject Albemarle's plans to boost lithium output.* [online] Reuters.com. Available at: < https://www.reuters.com/article/uk-chile-lithium-albemarle-exclusive-idUKKCN1NI1Fd > [Accessed 13 April 2021].

Statista. n. d. *Glencore total revenue* 2020. [online] Available at: < https://www.statista.com/statistics/274687/total-revenue-of-glencore-xstrata/ > [Accessed 13 April 2021].

Tabuchi, H., 2020. *Japan Races to Build New Coal-Burning Power Plants, Despite the Climate Risks (Published* 2020*).* [online] Nytimes.com. Available at: < https://www.nytimes.com/2020/02/03/climate/japan-coal-fukushima.html > [Accessed 13 April 2021].

The Economist. 2013. *Marc Rich.* [online] Available at: < https://www.economist.com/obituary/2013/07/06/marc-rich > [Accessed 13 April 2021].

The Guardian 2001. *Revealed: how Africa's dictator died at the hands of his boy soldiers.* [online] Available at: < https://www.theguardian.com/world/2001/feb/11/theobserver > [Accessed 13 April 2021].

U.S. Department of the Treasury. 2017. *United States Sanctions Human Rights Abusers and Corrupt Actors Across the Globe.* [online] Available at: < https://home.treasury.gov/news/press-releases/sm0243 > [Accessed 13 April 2021].

U.S. Department of the Treasury. 2018. *Treasury Sanctions Fourteen Entities Affiliated with Corrupt Businessman Dan Gertler Under Global Magnitsky.* [online] Available at: < https://home.treasury.gov/news/press-releases/sm0417 > [Accessed 13 April 2021].

Verne, S. and Williams, J., 2021. *Natural Graphite Active Anode Material (AAM) for Global Electric Vehicle Demand.* [online] Syrahresources.com.au. Available at: < https://www.syrahresources.com.au/application/

third_party/ckfinder/userfiles/files/20210120%20Advanced%20Automotive%20Battery%20Conference%20Presentation(1). pdf >[Accessed 13 April 2021].

Whoriskey, P., Robinson Chavez, M. and Ribas, J., 2016. *IN YOUR PHONE, IN THEIR AIR. A trace of graphite is in consumer tech. In these Chinese villages, it's everywhere.* [online] Available at: < https://www.washingtonpost.com/graphics/business/batteries/graphite-mining-pollution-in-china/ >[Accessed 18 March 2021].

Wild, F., Kavanagh, M. and Clowes, W., 2020. *Sanctioned Billionaire Finds a Haven in Tiny Congolese Bank.* [online] Bloomberg.com. Available at: < https://www.bloomberg.com/news/features/2020-07-02/sanctioned-billionaire-dan-gertler-s-haven-a-tiny-congolese-bank? sref = TtblOutp >[Accessed 18 March 2021].

Young, E., 2019. *Enormous lithium waste dump plan shows how shamefully backward we are.* [online] The Sydney Morning Herald. Available at: < https://www.smh.com.au/national/enormous-lithium-waste-dump-plan-shows-how-shamefully-backward-we-are-20190621-p52054.html >[Accessed 13 April 2021].

第六章 城市采矿

Batteryuniversity.com. n.d. *Types of Battery Cells; Cylindrical Cell, Button Cell, Pouch Cell.* [online] Available at: < https://batteryuniversity.com/learn/article/types_of_battery_cells >[Accessed 19 March 2021].

Chinavitae.com. n.d. *China Vitae: Biography of Xiao Yaqing.* [online] Available at: < https://www.chinavitae.com/biography/Xiao_Yaqing >[Accessed 19 March 2021].

Csm.umicore.com. n.d. *Our recycling process.* [online] Available at: <

https://csm.umicore.com/en/battery-recycling/our-recycling-process/ > [Accessed 15 April 2021].

Ellenmacarthurfoundation.org.n.d. 节约材料开启移动变革新篇章. [online] Available at: < https://www.ellenmacarthurfoundation.org/cn/%E6%A1%88%E4%BE%8B%E5%88%86%E6%9E%90/%E8%8A%82%E7%BA%A6%E6%9D%90%E6%96%99%E5%BC%80%E5%90%AF%E7%A7%BB%E5%8A%A8%E5%8F%98%E9%9D%A9%E6%96%B0%E7%AF%87%E7%AB%A0 >[Accessed 14 April 2021].

En.gem.com.cn.n.d. *GEM Co., Ltd.* [online] Available at: < https://en.gem.com.cn/en/AboutTheGroup/index.html >[Accessed 14 April 2021].

En.gem.com.cn.n.d. *GEM Co., Ltd.* [online] Available at: < https://en.gem.com.cn/en/UsedBatteryRecycling/index.html > [Accessed 15 April 2021].

Fleming, W., 2019. *Cats vs Dogs—Part 1—92.8% Accuracy—Binary Image Classification with Keras and Deep Learning*. [online] Will Fleming's Software blog. Available at: < https://wtfleming.github.io/2019/05/07/keras-cats-vs-dogs-part-1/ >[Accessed 19 March 2021].

Gu, T., 2019. *Newzoo's Global Mobile Market Report: Insights into the World's 3.2 Billion Smartphone Users, the Devices They Use & the Mobile Games They Play*. [online] Newzoo. Available at: < https://newzoo.com/insights/articles/newzoos-global-mobile-market-report-insights-into-the-worlds-3-2-billion-smartphone-users-the-devices-they-use-the-mobile-games-they-play/ >[Accessed 14 April 2021].

Haga, Y., Saito, K. and Hatano, K., 2018. Waste Lithium-Ion Battery Recycling in JX Nippon Mining & Metals Corporation. *The Minerals, Metals & Materials Series*, pp.143–147.

Jacobs, J., 1970. *The economy of cities*. New York: Vintage Books, pp. 110 – 112.

Jacoby, M., 2019. *It's time to get serious about recycling lithium-ion batteries*. [online] Cen. acs. org. Available at: < https://cen. acs. org/materials/energy-storage/time-serious-recycling-lithium/97/i28 > [Accessed 19 March 2021].

JX Nippon Mining & Metals. 2020. *Corporate History | Corporate Overview*. [online] Available at: < https://www. nmm. jx-group. co. jp/english/company/history. html > [Accessed 14 April 2021].

Mint. 2019. *Meet Daisy, the new Apple robot who can disassemble* 200 *iPhones per hour*. [online] Available at: < https://www. livemint. com/technology/tech-news/meet-daisy-the-new-apple-robot-who-can-disassemble-200-iphones-per-hour-1555654439509. html > [Accessed 19 March 2021].

Oberhaus, D., 2020. *Where Was the Battery at Tesla's Battery Day?*. [online] Wired. Available at: < https://www. wired. com/story/where-was-the-battery-at-teslas-battery-day/ > [Accessed 14 April 2021].

Radford, C., 2020. *Glencore, GEM extend cobalt supply deal until 2029*. [online] Metalbulletin. com. Available at: < https://www. metalbulletin. com/Article/3964964/Glencore-GEM-extend-cobalt-supply-deal-until-2029. html > [Accessed 15 April 2021].

Roskill. 2019. *Batteries: GEM signs agreement to supply 170kt of raw materials to ECOPRO*. [online] Available at: < https://roskill. com/news/batteries-gem-signs-agreement-to-supply-170kt-of-raw-materials-to-ecopro/ > [Accessed 19 March 2021].

Statista. n. d. *China: new energy vehicle sales by type* 2020. [online] Available at: < https://www. statista. com/statistics/425466/china-annual-newenergy-vehicle-sales-by-type/ > [Accessed 14 April 2021].

Stoklosa, A., 2019. *Toyota Has a Curious Justification for Not Selling Any EVs (Yet)*. [online] Car and Driver. Available at: < https://www.caranddriver.com/news/a26703778/toyota-why-not-selling-electric-cars/ > [Accessed 14 April 2021].

Szymkowski, S., 2019. *Toyota will use Tokyo Olympics to debut solid-state battery electric vehicle*. [online] Roadshow. Available at: < https://www.cnet.com/roadshow/news/toyota-solid-state-battery-electric-olympics/ > [Accessed 14 April 2021].

Trend Tracker. 2020. *IMI CEO and President issue an open letter on the electric vehicle repair skills gap*. [online] Available at: < https://www.trendtracker.co.uk/imi-ceo-and-president-issue-an-open-letter-on-the-electric-vehicle-repair-skills-gap/ > [Accessed 19 March 2021].

Warwick.ac.uk. 2020. *Automotive Lithium-Ion Battery Recycling in the UK*. [online] Available at: < https://warwick.ac.uk/fac/sci/wmg/business/transportelec/22350m_wmg_battery_recycling_report_v7.pdf > [Accessed 15 April 2021].

Wiens, K., 2016. *Apple's Recycling Robot Needs Your Help to Save the World*. [online] Wired. Available at: < https://www.wired.com/2016/03/apple-liam-robot/ > [Accessed 19 March 2021].

Zhang, H., 2020. *Challenges to Making Lithium-ion Batteries and Electric Vehicles Environmentally Friendly*. [online] Center for Integrated Catalysis. Available at: < https://cicchemistry.com/2020/12/01/challenges-to-making-lithium-ion-batteries-and-electric-vehicles-environmentally-friendly/ > [Accessed 14 April 2021].

Zhang, J., 2020. *China on track to hit target of building* 500,000 5G base stations this year. [online] South China Morning Post. Available at: < https://www.scmp.com/tech/gear/article/3100491/china-has-reached-about-96-cent-its-target-build-500000-5g-base-stations > [Accessed 15 April 2021].

第七章　充满希望的绿色未来

Aeromontreal. ca. n. d. *Omer Bar-Yohay*. [online] Available at: < https://www.aeromontreal.ca/fiche-omer-bar-yohay-574.html > [Accessed 15 April 2021].

Airbus. 2017. *Airbus, Rolls-Royce, and Siemens team up for electric future Partnership launches E-Fan X hybrid-electric flight demonstrator*. [online] Available at: < https://www.airbus.com/newsroom/press-releases/en/2017/11/airbus—rolls-royce—and-siemens-team-up-for-electric-fu-ture-par.html > [Accessed 15 April 2021].

Anderson, D. and Patiño-Echeverri, D., 2009. 'An Evaluation of Current and Future Costs for Lithium-Ion Batteries for Use in Electrified Vehicle Powertrains'. *Nicholas School of the Environment of Duke University.*

BBC News. 2019. '*World's first' fully-electric commercial flight takes off*. [online] Available at: < https://www.bbc.com/news/business-50738983 > [Accessed 15 April 2021].

BloombergNEF. 2020. *Battery Pack Prices Cited Below $100/kWh for the First Time in 2020, While Market Average Sits at $137/kWh*. [online] Available at: < https://about.bnef.com/blog/battery-pack-prices-cited-below-100-kwh-for-the-first-time-in-2020-while-market-average-sits-at-137-kwh/ > [Accessed 15 April 2021].

Boloor, M., Valderrama, P., Statler, A. and Garcia, S., 2019. *Electric Vehicles 101*. [online] NRDC. Available at: < https://www.nrdc.org/

experts/madhur-boloor/electric-vehicles-101 > [Accessed 15 April 2021].

Burke, A. and Miller, M., 2010. *The UC Davis Emerging Lithium Battery Test Project.* [online] Escholarship.org. Available at: < https://escholarship.org/uc/item/4xn6n3xf > [Accessed 15 April 2021].

Cantu, M., 2021. *Charging Speed Race: Tesla Model 3 Vs Audi E-Tron.* [online] Inside EVs. Available at: < https://insideevs.com/news/494787/charging-speed-race-model-3-audi-etron/ > [Accessed 15 April 2021].

Crider, J., 2020. *Tesla Air? Elon Musk Hints Tesla Could Mass Produce 400 Wh/kg Batteries In 3 – 4 Years.* [online] CleanTechnica. Available at: < https://cleantechnica.com/2020/08/25/tesla-air-elon-musk-hints-tesla-could-mass-produce-400-wh-kg-batteries-in-3-4-years/ > [Accessed 15 April 2021].

Energystorage.pnnl.gov. n.d. *PNNL: Energy Storage: Battery 500.* [online] Available at: < https://energystorage.pnnl.gov/battery500.asp > [Accessed 15 April 2021].

Evarts, E., 2015. ' Lithium batteries: To the limits of lithium'. *Nature*, 526 (7575), pp. S93-S95.

Excell, J., 2020. *Rolls-Royce and Airbus cancel E-Fan X project.* [online] The Engineer. Available at: < https://www.theengineer.co.uk/e-fan-x-project-cancelled/#:-:text = E%2DFan%20X%2C%20a%20joint, it's%20maiden%20flight%20in%202021. > [Accessed 23 March 2021].

Google Tech Talks, 2018. *Post and Beyond Lithium-Ion Materials and Cells for Electrochemical Energy Storage.* [video] Available at: < https://www.youtube.com/watch?v = pxC2pciL104&t = 2304s > [Accessed 22 March 2021].

Hall, M., 2020. *Energy density advances and faster charging would unlock EV revolution.* [online] pv magazine. Available at: < https://www.pv-magazine.com/2020/02/11/energy-density-advances-and-faster-charging-would-unlock-ev-revolution/ > [Accessed 15 April 2021].

Kane, M., 2020. *China: In Some BEVs, Battery Cell Energy Density Now Reaches 250 – 280 Wh/kg.* [online] Inside EVs. Available at: < https://insideevs.com/news/428511/china-battery-energy-density-280-wh-kg/ > [Accessed 15 April 2021].

Keen, K., 2020. *As battery costs plummet, lithium-ion innovation hits limits, experts say.* [online] Spglobal.com. Available at: < https://www.spglobal.com/marketintelligence/en/news-insights/latest-news-head-lines/as-battery-costs-plummet-lithium-ion-innovation-hits-limits-experts-say-58613238 > [Accessed 15 April 2021].

Kongsberg.com. 2017. *YARA and KONGSBERG enter into partnership to build world's first autonomous and zero emissions ship.* [online] Available at: < https://www.kongsberg.com/maritime/about-us/news-and-media/news-archive/2017/yara-and-kongsberg-enter-into-part-nership-to-build-worlds-first-autonomous-and/ > [Accessed 15 April 2021].

McFadden, C., 2020. *The Countries With the Most Electric Vehicle Owners.* [online] Interestingengineering.com. Available at: < https://interestingengineering.com/the-countries-with-the-most-electric-vehicle-owners#:-:text = Which%20country%20has%20the%20 most%20EVs%20per%20population%3F, according%20to%20fig-ures%20from%202018. > [Accessed 15 April 2021].

MIT Club of Northern California, 2019. *The Future of Energy Storage—Professor Yet-Ming Chiang, MIT.* [video] Available at: < https://www.youtube.com/watch?v = E76q-9q7ZDg > [Accessed 22 March 2021].

Morris, C., 2020. *Electric Cessna Grand Caravan makes historic maiden flight.* [online] Charged EVs. Available at: < https://chargedevs.com/newswire/electric-cessna-grand-caravan-makes-historic-maiden-flight/ > [Accessed 23 March 2021].

Quanlin, Q., 2017. *Fully electric cargo ship launched in Guangzhou—Business.* [online] Chinadaily.com.cn. Available at: < www.chi-nadaily.com.cn/business/2017-11/14/content_34511312.htm > [Accessed 22 March 2021].

Randall, C., 2018. *Eviation Aircraft sets sights on Kokam batteries.* [online] Electrive.com. Available at: < https://www.electrive.com/2018/02/15/evation-aircraft-sets-sights-kokam-batteries/ > [Accessed 23 March 2021].

Rochesteravionicarchives.co.uk. n.d. *BAe 146.* [online] Available at: < https://rochestera-vionicarchives.co.uk/platforms/bac-146#:-:text=With%20387%20aircraft%20produced%2C%20the,has%20retractable%20tricycle%20landing%20gear. > [Accessed 15 April 2021].

Spbes.com. n.d. *Lithium NMC Marine Batteries.* [online] Available at: < https://spbes.com/products/ > [Accessed 15 April 2021].

The Limiting Factor, 2020. *Professor Shirley Meng: The Future of the Anode (C, Si, Li).* [video] Available at: < https://www.youtube.com/watch?v=0ktsgwzUh3a > [Accessed 15 April 2021].

The Maritime Executive. 2020. *Construction of Yara Birkeland Paused.* [online] Available at: < https://www.maritime-executive.com/article/construction-of-yara-birkeland-paused#:-:text=Due%20to%20the%20Covid%2D19, steps%20together%20with%20its%20partners. > [Accessed 15 April 2021].

Transportenvironment. org. 2019. *Shipping and climate change.* [online] Available at: < https://www. transportenvironment. org/what-we-do/shipping-and-environment/shipping-and-climate-change#:-:text = The%20Third%20 IMO%20GHG%20Study, of%20annual%20global%20CO2%20cmissions. &text = Shipping%20also%20contributes%20to%20dimate, by%20combustion%20of%20marine%20fuel. >[Accessed 22 March 2021].

Writer, B., 2019. *Lithium-Ion Batteries A Machine-Generated Summary of Current Research.* Cham, Switzerland: Springer, pp. 1 – 10.